INTRODUZIONE

Un piatto per ogni pasto, per ogni tavolo.

Ho scelto di stilare questo manuale per la mia curiosità e poiché senza ombra di dubbio è il piatto italiano maggiormente conosciuto nel mondo, e che rispecchia i canoni della dieta mediterranea.

La Pizza infatti è la perfetta sintesi dei prodotti del nostro paese; prodotti come l'olio di oliva extra vergine, i pomodori ed i cereali sono perfettamente in linea con una alimentazione equilibrata e sana.

Esaminare la pizza solamente dal punto di vista culinario ed alimentare sarebbe quanto mai riduttivo.

La pizza oltre ad essere un alimento eccezionale è anche un vero e proprio fenomeno sociale in tutto il mondo.

Una delle caratteristiche particolari è quella definibile come versatilità che, va sottolineato, ha contribuito non poco la sua diffusione ed alla sua popolarità in tutto il mondo.

Una pizza costituisce un ottimo pasto, pranzo o cena che sia, veloce, leggero ma nutriente e soprattutto sano: un pasto che segue alla lettera le regole di quella "dieta mediterranea" osannata da dietologi di tutto il mondo.

<u>**Ricorda**</u>

"LA PIZZA È UN PRODOTTO SEMPLICE,

HA UN SOLO TIPO DI IMPASTO BASATO SU 4 INGREDIENTI NATURALI,

HA I SUOI TEMPI DI LIEVITAZIONE E IL SUO TIPO DI COTTURA.

LA PIZZA NELLA SUA SEMPLICITA' È PERFETTA ED È IMPOSSIBILE MIGLIORALA"

- L'unica cosa che si può fare, è solo peggiorarla –

La Vera Pizza Napoletana,

non ha inventori,

non ha padri e non ha padroni,

ma è frutto della genialità del popolo napoletano.

Napoli è terra di grandi artisti, basti pensare al Principe Antonio De Curtis (Totò) o a Eduardo De Filippo, di cantanti Pino Daniele, Peppino Di Capri, di grandissimi ingegni della politica e della scienza, c'è poi una categoria di persone che amano divertirsi componendo in versi la tradizione e la grandissima gastronomia della città partenopea. Alcuni di essi hanno addirittura dedicato poesie alla Pizza.

Si è dilettato nel componimento dedicato alla "Grande Pizza Margherita", il sig. Gennaro Esposito (Napoli 3.11.1920, Napoli 28.02.2010, è stato uno dei grandi poeti contemporanei napoletani), che con parole povere e tutte napoletane ha donato un momento poetico alla pizza più famosa del mondo.

La Margherita

Quando c'è il benessere,

la gente pensa a spendere,

ed ora anche il più povero

lo senti comandare.

Voglio una pizza con vongole,

piena di funghetti e cozze,

con gamberetti e ostriche

del mare di questa città.

Al centro poi ci voglio

un uovo fatto alla coque,

e con liquore Stock

la dovete sfumare.

Quando sentendo questa comanda

ci venne un nervoso,

pensando, ma queste pizze,

sono una fandonia o cosa.

Qua si rispetta la regola,

facendo la vera pizza,

quella che nata a Napoli

quasi cento anni fa.

Questa ricetta antica

si chiama Margherita,

che quando fatta ad arte

può essere presentata ad un Re.

Perciò non cercate

queste pizze complicate,

che fanno male al portafoglio

e lo stomaco ne soffre.

(Gennaro Esposito)

A' Margherita

'A quando sta 'o benessere

'a gente pensa a spennere

e mo' pure o' chiù povero

'o siente 'e cumannà.

Voglio una pizza a vongole,

chiena 'e funghette e cozzeche,

con gamberetti e ostriche

d'o mare 'e sta città.

Al centro poi ce voglio

n'uovo fatto alla cocca,

e co liquore stok

l'avita annaffià.

Quando sentenno st'ordine

ce venne cca'na stizza,

pensano ma sti pizze,

songo papocchie o che.

Ca se rispetta ìa regola,

facenno 'a vera pizza,

chella ch'è nata a Napule

quasi ciennt'anne fa.

Chesta ricetta antica

si chiamma Margherita,

ca quanno è fatta a arte

po ghi nant'a nu re.

Perciò nun e cercate

sti pizze complicate

ca fanno male 'a sacca

e 'o stommaco patì.

(Gennaro Esposito)

Tutte le civiltà, si può dire, hanno conosciuto forme differenti di focacce, schiacciate e simili che vedevano nell'impasto tra farina di cereali di vario genere, acqua e i più svariati condimenti una fonte di nutrimento fondamentale nella alimentazione umana. L'antichità a noi vicina, quella che vide il fiorire delle civiltà che si affacciavano sul Mar Mediterraneo offre perciò un'ampia messe di esempi di quelli che possono considerarsi gli antenati della pizza quale noi la conosciamo.

Dall'Egitto alla Grecia classica all'antica Roma e Pompei, perciò tutto un proliferare di vivande che richiamano nella composizione e nella cottura la pizza. A partire dall'antico Egitto era usanza celebrare il compleanno del Faraone, mangiando una schiacciata condita con erbe aromatiche. Alla base di questa schiacciata vi era un particolare impasto di acqua e farina che genericamente veniva chiamato pane a volte veniva invaso da forze misteriosi le quali lo facevano gonfiare e poi guastare. Alcuni consideravano impura quella pasta e la buttavano via, alcuni, invece pensarono di strumentalizzare il fenomeno: tutto dipendeva dalle concezioni religiose. Gli ebrei, per esempio, erano tra i più rigidi e rifiutavano sempre il pane lievitato e nei loro riti non era ammesso (ancora oggi, nella Messa cattolica, si usa l'ostia non lievitata come pane).

Gli egizi impararono, dunque, a utilizzare quella pasta, a cuocerla e a conservarne qualche pezzetto per trasmettere ad altra pasta la stessa forza di crescere. Nello stesso periodo inventarono il primo forno che era a forma di cono; Il fuoco si metteva dentro, fuori si appiccicavano letteralmente i panetti, quando cadevano voleva dire che erano cotti da una parte, ma venivano riappiccicati dall'altra per completare la cottura. Solo in un secondo tempo venne l'idea di dividere in due il forno per mettere sotto il fuoco e sopra, per cuocere, le schiacciate di pasta e acqua lievitate.

Tra questi pani ce n'erano anche di quelli arricchiti con olive, ciccioli di maiale, antenati delle focacce e delle torte rustiche di oggi; ce n'erano anche di quelli arricchiti con miele, uvetta, pinoli, canditi, che sono diventati i vari panettoni, pangiallo, pandolce, e via dicendo, delle diverse tradizioni. Oltre l'Egitto, per quanto riguarda le civiltà antiche, anche la Grecia classica mostra numerosi formi di esempi che ci riportano alla pizza o almeno a una sua versione per così dire primordiale.

Le tracce di questo alimento si ritrovano anche in epoca medioevale e rinascimentale dove si rinvengono variazioni culinarie sul tema, sia per il dolce che salato e differenti metodi di cottura. Quindi, possiamo considerare la pizza come alimento tipico delle culture che si sono affacciate sul bacino Mediterraneo.

La storia della pizza è lunga, complessa e incerta. Le prime attestazioni scritte della parola "pizza" risalgono al latino volgare di Gaeta nel 997 e in un contratto di locazione con data sul retro 31 gennaio 1201 a Sulmona ed in seguito in quello di altre città italiane come Roma, L'Aquila, Pesaro, Penne, ecc. Nel XVI secolo a Napoli ad un pane schiacciato venne dato il nome di *pizza* che deriva dalla storpiatura della parola "Pitta".

E in una delle regioni del Mar Mediterraneo, Napoli, essa troverà la sua patria e il punto di partenza di una diffusione che può ben dirsi planetaria.

La vera pizza napoletana è nata intorno al 1734 nella versione Marinara che ha fatto il giro del mondo.

A Napoli in quei anni iniziano a diffondersi le botteghe specializzate nella preparazione di tale piatto diventando così una pietanza consumata da tutte le classi sociali.

Nel 1810 conosciamo la pizza nella versione Margherita che ha preso il nome nel giugno del 1889 in occasione di una visita dei sovrani di allora. Infatti, si racconta che il miglior cuoco dell'epoca, Raffaele Esposito, realizzò per i sovrani d'Italia, Re Umberto I e la regina Margherita di Savoia, tre pizze:

- pizza alla mastunicola (strutto, formaggio, basilico)
- pizza alla marinara (pomodoro, aglio, olio di oliva, origano)
- pizza con pomodoro e mozzarella (pomodoro, mozzarella, olio di oliva, basilico)

La sovrana apprezzò così tanto quest'ultima da voler elogiare l'artefice dando il proprio nome alla creazione culinaria e da allora ecco la nascita della "Pizza Margherita".

Quella che oggi è chiamata pizza Margherita era tuttavia già stata preparata prima della dedica alla regina di Savoia. Francesco De Bourcard nel 1866 riporta la descrizione dei principali tipi di pizza, ossia quelli che oggi prendono nome di *pizza marinara, pizza margherita* e *calzone*:

« *Le pizze più ordinarie, dette coll'aglio e l'oglio, han per condimento l'olio, e sopra vi si sparge, oltre il sale, l'origano e spicchi d'aglio trinciati minutamente. Altre sono coperte di formaggio grattugiato e condite con lo strutto, e allora vi si pone disopra qualche foglia di basilico. Alle prime spesso si aggiunge del pesce minuto; alle seconde delle sottili fette di muzzarella. Talora si fa uso di prosciutto affettato, di pomidoro, di arselle, ecc. Talora ripiegando la pasta su sé stessa se ne forma quel che chiamasi calzone.* »

(Francesco de Bourcard, *Usi e costumi di Napoli*, Vol. II, pag. 124)

Bisogna tuttavia notare che già nel 1830, un certo "Riccio" nel libro *Napoli, contorni e dintorni*, aveva scritto di una pizza con pomodoro, mozzarella e basilico. Lentamente la focaccia di origine popolare arricchita con pomodoro si diffuse in tutte le classi sociali ed in tutte le regioni italiane, e con essa anche i locali specializzati nella preparazione della pizza: dapprima probabilmente forni in cui la pizza si consumava in piedi per strada, poi in seguito trattorie e pizzerie.

Fino al 1900 la pizza e le pizzerie rimangono un fenomeno prettamente napoletano, poi dopo la seconda guerra mondiale e sull'onda dell'emigrazione la pizza esce dai confini del meridione per sbarcare al Nord e all'estero, diventando così un fenomeno mondiale.

Ora come ora è amata da tutti, grandi e piccini, dall'Europa all'America al Giappone ed è possibile gustarla anche nei migliori ristoranti.

La Marinara è la più antica e ha un condimento di pomodoro, origano, aglio, olio extra-vergine d'oliva e solitamente basilico. Era chiamata "Marinara" non, come molti credono, perché contiene pesce (non è così) ma perché era il cibo che i pescatori mangiavano quando tornavano a casa dalle lunghe giornate di pesca nella Baia di Napoli.

La Margherita è invece attribuita al panettiere Raffaele Esposito.

La pizza fece la sua prima apparizione negli Stati Uniti con l'arrivo degli immigrati italiani nel tardo XIX secolo. Fu sicuramente il caso delle città con vaste popolazioni italiane, come San Francisco, Chicago, New York City, e Philadelphia dove la pizza fu inizialmente venduta sulle strade dei quartieri italiani. Nel tardo XIX secolo a Chicago, ad esempio, la pizza fu introdotta da un venditore ambulante che camminava su e giù lungo Taylor Street con un mastello di pizze sulla testa. Questo era il modo tradizionale in cui si vendeva la pizza a Napoli, in cilindri di rame con delle maniglie ai lati e un coperchio sopra per mantenere calde le pizze. Non passò molto tempo prima che i piccoli caffè e le drogherie iniziassero ad offrire le pizze alle loro comunità italoamericane.

L'etimologia del nome "pizza" (che non è necessariamente legata all'origine del prodotto) deriverebbe secondo alcuni, da pinsa (dalla lingua napoletana), participio passato del verbo latino pinsere oppure del verbo "pansere", cioè pestare, schiacciare, pigiare che deriverebbe da pita mediterranea e balcanica, in greco (πίττα, derivato da peptòs ossia "infornato”); secondo quest'ultima ipotesi la parola deriverebbe dall'ebraico פִּתָּה o פיתה, dall'arabo كماج che appartiene alla stessa categoria di pane o focacce. Il primo utilizzo della parola "pizza" risale al 997 ed è testimoniato in un testo latino proveniente dalla città di Gaeta.

Altre ipotesi a proposito sono le seguenti:

- L'antica parola germanica "bizzo" o "pizzo", dal significato di "morso", "focaccia" (in relazione anche alle parole inglesi "bit" e "bite") è stata importata in Italia nella metà del VI secolo durante l'invasione dei Longobardi. Questa è l'origine più accreditata secondo l'Oxford English Dictionary, anche se non è stata definitivamente confermata.

È riconosciuta la denominazione del prodotto tipico "*verace*[1] pizza napoletana", il cui uso è riservato ai due tipi di pizza:

- marinara (pomodoro San Marzano, olio EVO, origano e aglio);
- margherita (pomodoro San Marzano, olio EVO, mozzarella di bufala campana DOP o fior di   latte dell'Appenino Meridionale -specifico di Agerola- e basilico);

aventi i requisiti fissati con il disciplinare di seguito menzionato (pagina 23), con riguardo ai metodi di lavorazione ed alle caratteristiche organolettiche e merceologiche del prodotto finito e derivanti dalla materia prima e dai metodi di preparazione e cottura.

Dopo la cottura la "verace pizza napoletana" si presenta come un prodotto da forno tondeggiante, con diametro variabile che non deve superare 33 cm, con il bordo rialzato (cornicione) e con la parte centrale coperta dai condimenti.

Tale parte centrale sarà spessa 0,4 cm con una tolleranza consentita pari a ± 10% e con un condimento dove spicca il rosso del pomodoro, cui si è perfettamente amalgamato l'olio EVO e a seconda degli ingredienti utilizzati, il verde dell'origano e il bianco dell'aglio, il bianco della mozzarella a chiazze più o meno ravvicinate, il verde del basilico in foglie, più o meno scuro per la cottura.

Il cornicione dovrà essere di 1-2 cm, regolare, gonfio, privo di bolle e bruciature e di colore dorato.

La "verace pizza napoletana" deve essere morbida, elastica, facilmente piegabile a libretto, dal sapore caratteristico derivante dal cornicione che presenta il tipico gusto del pane ben cresciuto e ben cotto, mescolato al sapore acidulo del pomodoro che persa la sola acqua in eccesso resterà denso e consistente dall'aroma, rispettivamente, dell'origano, dell'aglio o del basilico e al sapore della mozzarella cotta.

Farina

Farina di grano tenero 00 o 0:

prodotto granulare ottenuto dalla macinazione e conseguente abburattamento (raffinazione) di grano tenero, di colore bianco, esente da puntature. È consentita l'aggiunta di farina di grano tenero tipo 0 (Manitoba) in piccole percentuali (dal 5 al 20% max, in funzione delle temperature esterne) per rinforzare la farina di grano tenero di tipo 00.

I valori ottimali per una lievitazione lunga, tesa ad ottenere una pasta con buon rapporto estensibilità/elasticità e digeribilità:

W (*pagina 15*)	270 - 300
P/L	0.5 - 0.6
Stabilità	9 - 11
Assorbimento H_2O	60% – 70%
Value Index – Caduta E10	Max 60
Falling (FN)	300 - 350
Glutine secco	10 %
Proteine	12 gr - 13 gr

Tali valori sono tipici di farine di media forza, equilibrate e con buone attitudini alla panificazione.

<u>**Acqua**</u>: incolore, inodore, insapore e limpida;

<u>**Sale**</u>: preferibilmente marino integrale;

<u>**Lievito**</u>: lievito di Birra o lievito naturale (madre):

***Olio Extra Vergine di Oliva**: Italiano derivato da spremitura a freddo.

*** *Nella S.T.G. non va aggiunto nell'impasto*

MARINARA

Pomodoro San Marzano DOP dell'Agro Sarnese-Nocerino premuto a mano

Aglio tritato a coltello con lama in ceramica

Olio EVO DOP Italiano dei colli Cilentani

Origano BIO Italiano e Basilico BIO Italiano

MARGHERITA

Pomodoro San Marzano DOP dell'Agro Sarnese-Nocerino premuto a mano

Mozzarella di Bufala Campana DOP (tagliata a listarelle a coltello con lama in ceramica)

o Fior di Latte dell'Appennino Meridionale nello specifico di Agerola (tagliato a listarelle a coltello con lama in ceramica)

Olio EVO DOP Italiano dei colli Cilentani

Parmigiano Reggiano DOP con stagionatura di 24/36 mesi o Pecorino Romano DOP

Basilico BIO Italiano

[2]S.T.G. acronimo di Specialità Tradizionale Garantita, di seguito specificato nel dettaglio secondo il

FRUMENTO

Il frumento o grano è il cereale più coltivato e consumato in Italia. Appartiene al genere Triticum che, a sua volta, si suddivide in tre gruppi in base al numero dei cromosomi. Esistono, infatti, frumenti diploidi, tetraploidi, tra cui compare il Triticum durum, ed esaploidi, a cui appartiene il grano tenero o Triticum vulgare.

Le specie più coltivate sono il grano duro (Italia meridionale e insulare) e quello tenero (Italia centrale e settentrionale). Le differenze bromatologiche tra i due tipi di grano sono minime; oltre al diverso numero di cromosomi, il grano duro ha un contenuto lievemente superiore di proteine. Notevoli, invece, risultano le differenze nei prodotti della loro macinazione: il grano duro dà origine a semole e semolati dai granuli grossi, con spigoli netti e colore leggermente ambrato, da destinare prevalentemente alla produzione delle paste; dal grano tenero si ottengono le farine, con granuli piccoli, tondeggianti e di colore bianco, dalla cui lavorazione si ricava il pane.

Viene definito impropriamente semiduro il grano tenero da cui si producono «farine di forza» di ottima qualità, ricche di proteine insolubili. Spesso tali farine vengono mescolate a quelle ottenute da grani teneri comuni, con minore contenuto in gliadina e glutenina, per migliorarne la panificabilità.

STRUTTURA E COMPOSIZIONE DELLA CARIOSSIDE DEL FRUMENTO

La cariosside del grano ha forma ovoidale, lunga da 6 a 8 mm e larga 3-4 mm; la faccia dorsale è convessa, quella ventrale è attraversata da un solco longitudinale; all'estremità opposta al germe si trova una barbetta

---

[3]Bromatologia: Scienza che studia la composizione, le alterazioni, la conservabilità delle sostanze

Nella cariosside, si distinguono varie parti:

esternamente, il PERICARPO, formato a sua volta da diversi strati di cellule (epicarpo, cellule intermedie, cellule incrociate e cellule tubolari), seguito dallo spermoderma e dal perisperma. Tutti questi strati costituiscono l'involucro esterno del chicco, conosciuto comunemente come CRUSCA. Sono costituiti prevalentemente da cellulosa e sali minerali; internamente, l'ENDOSPERMA, la parte più importante della cariosside ai fini alimentari. Comprende, verso la periferia, lo strato aleuronico, costituito da cellule monostratificate ricche di proteine ad alto valore biologico, lipidi, vitamine, sali minerali ed enzimi.

Al centro, troviamo l'endosperma amilifero, conosciuto anche come mandorla farinosa o albume, con cellule contenenti granuli di amido e proteine di riserva, che costituiscono una specie di cemento attorno ai granuli.

La forma e la dimensione dei granuli di amido sono tipiche di ogni cereale, tanto che è possibile, mediante l'esame microscopico, riconoscere la provenienza della farina.

La composizione chimica della cariosside di grano è influenzata da numerosi fattori: la specie di appartenenza, il terreno e il clima, i trattamenti a cui la pianta è stata sottoposta, lo stato di conservazione.

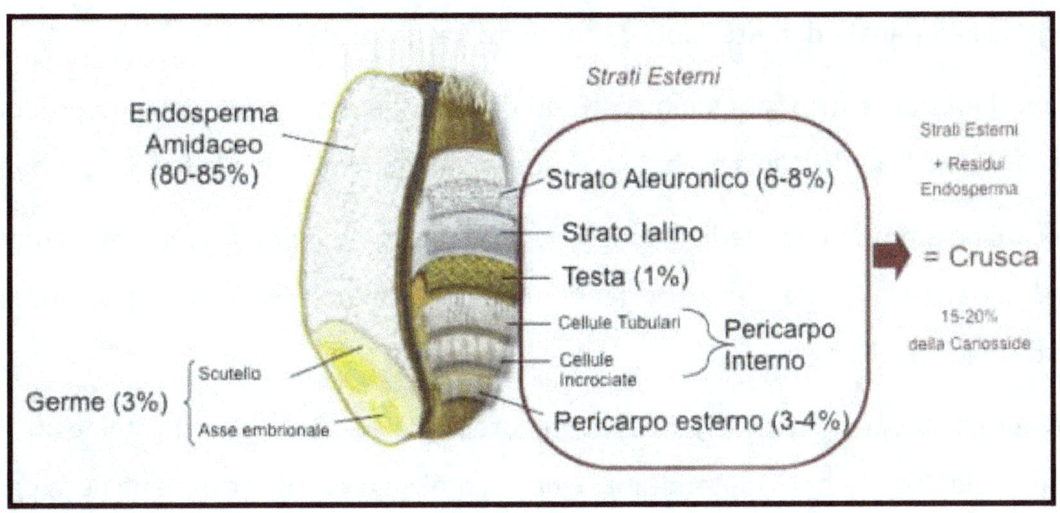

L'acqua è presente in quantità variabile dall'8 al 16-18% (mediamente, il 12%), in relazione alla zona, più o meno umida, in cui il grano è stato coltivato. Valori elevati di umidità possono compromettere la conservazione delle cariossidi che è necessario essiccare prima di insilare. Tra i requisiti che servono a stabilire il valore commerciale del frumento, vi è infatti il grado di umidità (non superiore al 14%) e il peso specifico apparente, che diminuisce all'aumentare della percentuale di acqua e viceversa.

I **glucidi** rappresentano mediamente il 72% del peso della cariosside. L'amido (60-68%) è il componente tecnologicamente più importante, per la sua caratteristica di assorbire acqua. La presenza di enzimi idrolitici (la diastasi, costituita da a- e b-amilasi) determina, durante la conservazione del grano prima, della farina poi e durante l'impastamento, l'idrolisi dell'amido in zuccheri fermentescibili, condizione indispensabile per la lievitazione dell'impasto panario.

I pentosani (in media il 6,5%) sono polimeri di aldopentosi non fermentescibili. Si ritrovano essenzialmente nel pericarpo, nel perisperma e nello strato aleuronico.

La **cellulosa** e la **lignina** (2-2,5%) sono presenti nella parte corticale della cariosside; vengono allontanate durante l'abburattamento (raffinazione).

Gli zuccheri riducenti (1,5%) sono costituiti da destrine e glucosio, ossia da prodotta dell'idrolisi dell'amido. Nella preparazione del pane, danno inizio alla fermentazione.

Le proteine ammontano mediamente al 12%, con valori minimi del 7% e massimi del 18%. La loro classificazione è in genere basata sulla solubilità in acqua, come è mostrato in 'tabella 25.2.

Le albumine rappresentano il 9% del contenuto proteico totale; sono proteine ad alto valore biologico, ricche in glutammina, leucina, prolina e lisina. Si ritrovano nella parte esterna della cariosside e nell'embrione.

Le **globuline** (5-7% del contenuto proteico totale) sono anch'esse proteine nobili, localizzate quasi esclusivamente nel germe. Il loro contenuto in lisina, arginina, serina e cisteina è elevato.

Albumine e globuline sono entrambe proteine complete in amminoacidi essenziali ma, dato che si ritrovano nel germe e nel pericarpo, vengono allontanate durante la macinazione.

CURIOSITÀ

<u>**L'intolleranza al glutine o morbo celiaco**</u> (dal greco koiliakos = pertinente all'intestino) è uno stato patologico complesso che si manifesta molto spesso dopo l'inizio del divezzamento effettuato con alimenti contenenti glutine (farine, biscotti, semolini, pastina ecc.). I sintomi, più o meno evidenti a seconda della gravità della sindrome morbosa, vanno dalla **diarrea cronica al vomito e alla mancanza di appetito, da disturbi del comportamento all'arresto della crescita, al dimagrimento, all'osteoporosi e a numerose altre manifestazioni atipiche.**

Anche se la patogenesi non è del tutto chiarita, a determinare l'insorgere della celiachia concorrono sia fattori interni, cioè una **sensibilità ereditaria dovuta a geni che codificano per particolari HLA** (Human Leukocyte Antigen) sia fattori esterni, cioè la presenza del glutine nella dieta, in particolare un suo componente: l'**a-gliadina**. Questa proteina, costituita da **266 amminoacidi**, durante la digestione si idrolizza in <u>**peptidi «tossici»**</u> per il celiaco, in particolare il frammento 31-49 (19 aa) e altri piccoli peptidi (come **Glu-Glu-Glu-Pro**), ottenibili anche dalle prolammine di orzo e avena.

La presenza di questi peptidi nel lume intestinale scatena una **risposta immunitaria abnorme mediata soprattutto dai linfociti T** citotossici (CTL) che, attivati dalla linfochina (LAK), si trasformano in <u>**cellule killer**</u> e, in assenza di un organismo estraneo da combattere, <u>**aggrediscono le cellule dei villi intestinali.**</u>

Di celiachia si guarisce **eliminando il glutine dalla dieta** (ossia, i prodotti ottenuti da **frumento, orzo, avena, segale**). Si possono consumare invece mais, riso, tapioca, grano saraceno, patate, castagne e tutti i prodotti dietetici senza glutine, evidenziati da uno specifico simbolo (spiga di grano sbarrata). Attualmente, sono allo studio varietà di frumento, ottenute attraverso le tecniche del DNA ricombinante, prive di peptidi ad azione tossica.

La rimanente quota proteica (75-95%) è data da prolammine, le gliadine, e da glutenine, le glutenine, localizzate prevalentemente nell'endosperma. La composizione chimica di queste proteine (insolubili o di riserva) ha importanza ai fini nutrizionali e per l'attitudine alla panificazione. Infatti, le gliadine e le glutenine, a contatto con l'acqua, si uniscono con legami intermolecolari formando il glutine una sostanza lipoproteica che conferisce alla pasta del pane viscosità, elasticità e coesione.

L'attitudine alla panificazione del grano è dovuta proprio all'elevato tenore in gliadine e glutenine. Queste proteine sono caratterizzate da una quantità elevata di cistina, prolina e acido glutammico, che consente la formazione di legami a idrogeno con le molecole di acqua, importanti per la coesione del glutine. Basso, invece, (1%) risulta il tenore in lisina, che rappresenta l'amminoacido limitante e diminuisce notevolmente il valore nutrizionale complessivo delle proteine del grano. Nel frumento, si ritrovano anche piccole quantità di amminoacidi liberi (0,1%) e tracce di proteine coniugate.

Dal glutine dipende la struttura di pani e pizze. La forza della farina (indicata nelle etichette dei pacchi di farina a uso professionale con la lettera W) è la quantità di glutine che essa riesce a sviluppare e la sua conseguente capacità di assorbire acqua. Il suo valore è correlato alla ricchezza proteica del grano: maggiori sono le proteine nel chicco, più glutine sarà sviluppato nell'impasto. Il valore della forza si definisce in laboratorio tramite uno strumento chiamato "alveografo di Chopin", ed è definito come la resistenza alla pressione della farina impastata. Con lo stesso strumento si determinano altri due indici importanti: P, che misura la tenacità, cioè la resistenza della farina impastata allo stiramento; e L che misura l'estensibilità dell'impasto prima della rottura. Sulle confezioni delle farine disponibili in commercio non sempre sono visibili questi parametri, ma si può far fede alla classificazione commerciale in uso che divide le farine in forti, medie e deboli.

Da W 340 a W 400

0,55-0,6 P/L 13,5-15% PROTEINE

Pane soffiato, pandoro, panettone, lievitati a lunga fermentazione, pasticceria lievitata con biga oltre le 15 ore, panino per Hamburger

Oltre W350 le farine sono nominate speciali ed hanno un potere di assorbimento pari al 90%circa (farine ricavate da grani esteri).

Da W 300 a W 310

0,55 P/L   13% PROTEINE

Pane lavorato,pasticceria lievitata con biga di 15 ore e impasto diretto

Da W280 a W350 le farine sono nominate forti ed hanno un potere di assorbimento pari al 65% - 75%circa, ed assorbono anche più facilmente i grassi (Sono ricavate da grani nazionali ed esteri).

Da W180 a W260 le farine sono nominate medie ed hanno un potere di assorbimento pari al 55% - 65%circa.

Da W 220 a W 240

0,45-0,5 P/L 12-12,5% PROTEINE

Baguettes, pane con impasto diretto, maggiolini, ciabatte a impasto diretto e biga di 5/6 ore

Da W 170 a W 200

0,5 P/L   10,5 - 11,5% PROTEINE

Pane comune, Ciabatte, impasto diretto, pancarré, pizze, focacce, fette biscottate

Da W 130 a W 200

0,4-0,5 P/L   10 - 11% PROTEINE

Grissini Crackers

Fino a W170 le farine sono nominate deboli ed hanno un potere di assorbimento pari al 50% circa.

Da W 90 a W 130

0,4-0,5 P/L 9 - 10,5% PROTEINE

Biscotti ad impasto diretto

I **lipidi** (1,5-2% della cariosside), presenti quasi esclusivamente nel germe, sono costituiti da gliceridi esterificati ad acidi grassi insaturi (oleico, linoleico, linolenico) per l'80-84% e saturi; in particolare il palmitico, per circa il 13 %. Nell'endosperma e nello strato aleuronico, si ritrovano fosfolipidi, glicolipidi e steroli (sitosterolo e campesterolo).

I **sali minerali** (1,5-2%), rappresentati da fosfato di Mg e K, sali di Ca, Fe, S, Cu, Zn ecc., sono situati nella parte esterna della cariosside. Da evidenziare il basso rapporto Ca/P.

Le ceneri risultano costituite prevalentemente da fosfati organici (esteri, lecitina, fitina, nucleoproteine ecc.).

Tra le **vitamine**, sono assenti la D e la C; si ritrovano invece quelle del gruppo B. nello strato aleuronico, e la vitamina E nell'embrione.

Gli enzimi, presenti in piccola quantità nella cariosside, sono molteplici;

rivestono particolare importanza:

1. la **diastasi** che, come già osservato, idrolizza l'amido liberando zuccheri fermentescibili;
2. le **lipasi**, localizzate nel germe e nello strato aleuronico, che possono attaccare i grassi della cariosside determinando l'irrancidimento idrolitico;
3. le **proteasi**, che liberano dalle proteine polipeptidi e aa. impedendo così la formazione della trama proteica e ostacolando quindi la panificazione;
4. la **fitasi**, importante per idrolizzare i legami fosforici dell'acido fitico, l'estere esafosforico dell'inositolo, che si ritrova nell'embrione e nella parte più esterna della cariosside dei cereali.

   La sua presenza impedisce l'assorbimento di alcuni ioni metallici (Ca^{2+}, Mg^{2+}, Fe^{2+}, Zn^{2+}) con cui forma complessi insolubili. Le farine integrali contengono discreti quantitativi di questo acido, mentre i livelli nelle farine abburattate sono minori. La presenza dell'enzima e le condizioni idonee alla sua azione (lungo periodo di fermentazione dell'impasto e temperatura di cottura non troppo elevata) servono a inattivare l'acido fitico e a ridurre la sua azione di «anti alimento».

- TIPOLOGIE DI FARINE di grano tenero:
  - **TIPO 00**: Questa è la farina più raffinata in assoluto ottenuta attraverso la moderna macinazione mediante cilindri di acciaio. In questa farina vengono eliminate tutte le parti migliori del grano a livello nutrizionale. Nella farina 00 infatti vengono eliminati la crusca, ricca di fibre ed il germe del grano, ricco di vitamine, sali minerali e amminoacidi, tutto questo per rendere la farina più bianca e più facilmente lavorabile. Tutto ciò che resta è l'amido (carboidrati semplici) e poche proteine (glutine). L'apporto nutrizionale all'organismo è molto basso anzi, in qualche modo la farina 00 contribuisce all'aumento della glicemia.
  - **TIPO 0**: Leggermente meno raffinata della precedente ma che comunque è stata privata di gran parte dei suoi principi nutritivi.
  - **TIPO 1**: La prima farina che produciamo al Mulino Val d'Orcia grazie alla macinazione in pietra. Attraverso la macinazione in pietra viene macinato l'intero chicco senza eliminare nessuna parte. Attraverso un passaggio definito abburattamento, cioè un'operazione di setaccio, la farina viene separata in base alle dimensioni dei "granuli". La farina tipo 1 contiene un maggiore quantitativo di crusca e di germe del grano, le parti più ricche di sostanze nutritive.
  - **TIPO 2**: Conosciuta anche come farina "semi-integrale" è una farina caratterizzata da granuli di grosse dimensioni e un maggiore

quantitativo di componenti fibrose e germe del seme rispetto alle precedenti. È una farina che presenta ottime caratteristiche nutrizionali ed è più facile da lavorare rispetto alla farina integrale. Un buon compromesso per una panificazione naturale.

o **INTEGRALE**: Senz'altro è la migliore a livello nutrizionale, specialmente se macinata a pietra come la nostra, poiché le macine lavorando a bassa velocità non surriscaldano la farina, lasciando intatte tutti principi nutritivi. La farina integrale contiene l'intero chicco in tutte le sue parti, amido, crusca e germe del grano ed è per questo un alimento completo.

o *Farina di Semola*, ma derivante da **_grano duro_**, la semola rimacinata subisce un passaggio in più nella fase di macinatura diventando di granulosità più sottile. Persino il colore diventa più chiaro se paragonata alla semola. La semola rimacinata è usata in panificazione e in pizzeria per produrre focacce e pane caratteristico. Anche la rimacinata è buona per fare la pasta fatta in casa, ma ha una minore consistenza, tiene meno la cottura ed è più difficile da digerire.

L'acqua è uno degli elementi fondamentali nella produzione di prodotti da forno.

Essa apporta all'impasto i sali minerali in essa disciolti e concorre alla formazione del glutine. In particolare, i sali di Ca (calcio) e Mg (magnesio) -(durezza)- aumentano la rigidità dell'impasto, migliorando le caratteristiche meccaniche del glutine, forse in seguito alla formazione di legami tra í due ioni e gli aminoacidi delle proteine.

La quantità di acqua da aggiungere varia in relazione alle caratteristiche delle farine e alla consistenza che si vuole ottenere. Mediamente, esse si idratano per il 160%; valori superiori si riscontrano in quelle «di forza» e con elevato grado di abburattamento. La temperatura dell'acqua, che influenza quella dell'impasto, deve essere compresa tra 20 e 23 °C per non ostacolare l'attività dei lieviti. La qualità dell'acqua utilizzata per gli impasti deve rispondere a precisi requisiti di potabilità, caratteristiche organolettiche, chimiche e batteriologiche standard consigliate dalla stessa organizzazione Mondiale della Sanità e dal Ministero della sanità stesso. Per un impasto ottimale si dovrebbe usare un'acqua moderatamente dura con un PH intorno a 5.5 (+-10%). In assenza di prove chimiche di laboratorio, e per la certezza di usare un'acqua ottimale, la si faccia bollire. Se viene utilizzata acqua alcalina si avrà un impasto superiore a 6 PH con conseguente minor produzione di gas e con minore acidità, da cui deriverà, inoltre, un maggior tempo di lievitazione a causa di una minore attività dei lieviti. Un'acqua altamente alcalina ha effetti molto negativi sulla formazione del glutine, in quanto, per la sua plasticità e per la sua formazione, è necessaria un'acqua leggermente acida. Per la determinazione dell'alcalinità e della concentrazione di sali di calcio e di magnesio contenuti nell'acqua, è opportuno rivolgersi a un laboratorio adeguatamente attrezzato.

Un'acqua dolce, invece, può creare un impasto colloso, ma il fenomeno può essere evitato aggiungendo una quantità di sale, che di conseguenza darebbe però un impasto più salato. Quantomeno, eseguendo un'operazione del genere, è opportuno fare molta attenzione alla quantità di sale che si aggiunge all'impasto. In teoria l'impiego dell'acqua clorata provoca una riduzione del tempo di fermentazione e migliora le qualità dell'impasto, di certo non il sapore. L'eliminazione della durezza dell'acqua è il primo provvedimento da prendere, in considerazione dei noti problemi che crea alle tubature e alle attrezzature dei locali.

Non è più pensabile, infatti, un ristorante privo di trattamento dell'acqua: sarà quindi necessario un buon impianto che elimini ogni rischio. In definitiva, sono stati determinati i livelli ottimali che deve avere un'acqua per la panificazione:

Carbonato di calcio:8-230mg/L;

Solfato di calcio: 10-300mg/L;

Cloruro di magnesio: 2-100mg/L;

Bicarbonato di sodio: 4-250mg/L.

Nella panificazione vengono usate colture di Saccharomyces cerevisiae, che fermentano il glucosio, derivato dall'idrolisi dell'amido, in alcol etilico e CO2.

I lieviti usati sono essenzialmente di due tipi:

- lievito industriale compresso;
- lievito naturale o di pasta acida.

Il primo, venduto in pani e conservato in ambiente fresco (può essere anche surgelato), è attivo anche con farine più deboli, consente tempi rapidi di lavorazione e la produzione di pane di piccola pezzatura.

Il secondo è costituito da acqua e farina, esposte per qualche tempo all'aria (in modo da arricchirsi di microrganismi presenti nell'ambiente, tra cui i saccaromiceti), oppure deriva dalla porzione di un impasto eseguito in un tempo precedente.

Il Saccharomyces cerevisiae (Meyen ex E.C. Hansen, 1883), organismo unicellulare osmofilo appartenente al regno dei funghi, è una nota specie di lievito della famiglia Saccharomycetaceae che si riproduce per gemmazione.

È probabilmente il lievito più importante nell'ambito dell'alimentazione umana e il suo utilizzo è noto fin dall'antichità per la panificazione e la produzione di birra e vino. Si pensa che sia stato isolato per la prima volta dalla superficie di acini d'uva; è presente infatti nella pruina. È uno dei microrganismi eucarioti più intensamente studiati in biologia cellulare e molecolare, quanto l'Escherichia coli quale modello dei procarioti. È il microrganismo responsabile del tipo più comune di fermentazione.

Saccharomyces cerevisiae ha forma dall'ovale all'ellittico e diametro di 5-10 micrometri. Si moltiplica (cosa diversa dalla riproduzione che prevede riarrangiamento genico) attraverso un processo di gemmazione. È utile nello studio del ciclo della cellula perché la sua coltura è molto semplice ma, in quanto eucariote, presenta la complessità della struttura interna di piante e animali, anch'essi eucarioti.

I prodotti terminali del metabolismo sono sostanzialmente il biossido di carbonio e l'etanolo. Questo è in relazione col fatto che questo lievito si trovi in presenza o meno di ossigeno. Saccharomyces cerevisiae è infatti anaerobio facoltativo, ossia il ricavo di energia può essere ottenuto o tramite un processo aerobico o tramite un processo anaerobico. È il lievito principale della fermentazione alcolica in vino e birra.

In condizioni aerobiche, dove normalmente prevale la respirazione, se nel substrato la concentrazione di glucosio supera i 200-500 mg/l si ha la prevalenza dell'attività fermentativa. Questo fenomeno viene definito effetto Crabtree. L'effetto Crabtree limita la crescita del lievito ed è perciò normalmente indesiderato. Con l'aggiunta di ulteriore substrato carente in zuccheri questo effetto può essere minimizzato (si tratta, quindi, di una diluizione).

Saccharomyces cerevisiae è sensibile alla pressione. Quando la pressione nei contenitori per la lievitazione supera le 8 atmosfere, esso comincia a mostrare le sue degenerazioni. Questo effetto viene anche utilizzato per il controllo del processo di lievitazione.

Il lievito fresco è generalmente aggiunto all'impasto, in una quantità compresa tra 0,3 - 3,0% sulla quantità di acqua utilizzata. La percentuale è in funzione del metodo di lavoro adottato e dal tempo di fermentazione/maturazione della massa prima dell'infornamento.

Il lievito fresco mantiene piena capacità fermentativa/respiratoria se viene conservato ad una temperatura dai 2 agli 8 °C e poi riportato a temperatura ambiente per il suo uso.

La maggior parte delle cellule muoiono a circa 40 - 45 °C.

Quante più cellule vecchie o morte si trovano in un pezzo di lievito, tanto compromesso sarà il suo metabolismo. L'invecchiamento e la morte delle cellule del lievito portano alla liberazione di composti come il ***glutatione***. La presenza di queste sostanze nell'impasto porta all'indebolimento della struttura glutinica (glutine) in un impasto [e forse ad una migliore estendibilità del panetto], quindi cellule morte di S. cerevisiae sono tecnicamente inutilizzabili per la fermentazione.

Questo tipo di lievito presenta molteplici vantaggi tra cui: sapore e aroma tipici (dovuti a alcoli e esteri formatisi nella fermentazione e a prodotti della reazione di Maillard), maggiore digeribilità, struttura del pane più regolare, ma ha l'inconveniente di tempi di lavorazione più lunghi.

In commercio, è reperibile anche del lievito secco attivo, ottenuto da colture di ceppi diversi ed essiccato fino a un'umidità residua inferiore all'8%.

La quantità di lievito per l'impasto ha variabili da rispettare: forza della farina, durata della lievitazione e temperature.

Per un litro di acqua con una farina con W270, di conseguenza almeno 8/9 ore di maturazione ad una temperatura controllata (18/20°C), si usa circa 0.75-1 gr di lievito

Lievito di Birra Compresso Fresco

Lievito di Birra secco (disidratato)

Lievito Madre (naturale)

Il sale ha un compito molto importante nell'impasto della pizza. Grazie alla sua azione, e alle sue proprietà antisettiche, agisce sulla lievitazione rallentando molto la fermentazione dei batteri, quali l'acido lattico, acetico e sui batteri omo-fermentati. La sua azione sulla formazione del glutine è nota a tutti i pizzaioli e a tutti quelli che lavorano quotidianamente con i prodotti per panificazione. La sua interazione con le proteine presenti nella farina, la glutenina e la gliadina conferiscono consistenza alla massa.

Sono anche note le proprietà di conservante del sale, che impediscono la proliferazione di batteri, quindi il deterioramento del nostro impasto.

Il sale inoltre riduce lo sviluppo di anidride carbonica nel nostro impasto, restituendoci un'alveolatura della maglia glutinica regolare ed omogenea.

Va fatta molta attenzione durante la realizzazione dell'impasto, a non fare entrare mai a contatto il sale con il lievito, questo andrebbe a bruciare le cellule del lievito che perderebbero le sue proprietà di trasformare gli zuccheri dell'impasto in alcool etilico e anidride carbonica.

Cosa accadrebbe al nostro impasto se ci dimenticassimo di aggiungere il sale? L'impasto privo del sale, risulterebbe appiccicoso, difficile da lavorare. Noteremo subito che il colore dell'impasto senza sale è molto più bianco rispetto ad un impasto col sale, ma è durante la fase di lievitazione che ci accorgeremo di esserci dimenticati di aggiungere sale, l'impasto lieviterebbe in tempi molto brevi senza arrivare alla maturazione.

Se state preparando la pizza con una farina debole potreste aggiungerlo all'inizio, insieme alla farina, questo vi aiuterà ad ottenere un impasto tenace, con una buona maglia glutinica. Se invece state usando una farina forte (w fino a 330) il sale va sempre aggiunto a chiusura dell'impasto.

La quantità di sale per l'impasto della pizza va dai 40 ai 60 grammi per ogni litro di acqua (53 gr/L consigliato).

L'olio di oliva si aggiunge all'impasto quando si vuole ottenere una pizza più fragrante.

Va aggiunto all'impasto poco prima della chiusura, mentre se preparate la pizza con una farina debole, quella comune del supermercato, è consigliabile aggiungerlo, magari insieme all'acqua, per facilitare il legamento delle proteine, consentendo la formazione di un glutine più omogeneo, che tratterrà maggiormente i gas che andranno a formarsi durante il processo di lievitazione.

Il consiglio, è quello di aggiungerne 50-55 grammi di olio extra vergine di oliva per ogni litro di acqua (o il 3 % sulla farina).

Bisogna fare attenzione, perché una quantità eccessiva di olio potrebbe rallentare o addirittura compromettere la lievitazione.

SI RICORDA CHE NELLA S.T.G. NON VA MESSO NELL'IMPASTO NESSUN TIPO DI GRASSO.

Esistono moltissimi tipi di pizza, alcuni eccellenti ed altri che con la pizza hanno solo il nome da spartire;

si tratta di uno dei piatti più imitati a livello mondiale e, non esistendo precise indicazioni, si può dire che ognuno è libero di preparare la pizza come più gli aggrada.

Ecco che, dunque, nacque la proposta di definire, una volta per tutte, i canoni di produzione della Pizza Napoletana. Questo avvenne la prima volta nel 1984, quando in una riunione di storici pizzaioli napoletani venne steso un primo, breve disciplinare che venne registrato ufficialmente con atto notarile. Nel 2004 prese avvio l'iter per il riconoscimento a livello europeo, e nel 2010 alla specialità campana venne assegnata l'attestazione STG (Specialità Tradizionale Garantita): le norme di preparazione e gli ingredienti utilizzati sono specificati in modo definitivo nel Disciplinare di Produzione.

Il logo che identifica la Pizza Napoletana STG è rappresentato da un'immagine stilizzata ovale di una pizza nella quale si possono riconoscere gli ingredienti tipici: pomodori, mozzarella, foglie di basilico ed un filo di olio a decorare. Il piatto che contiene questa pizza è di colore bianco, e sovrasta una sorta di "supporto" di colore verde, che rafforza il "tricolore" tipico; al di sotto si trova la scritta "Specialità Tradizionale Garantita" – "Pizza Napoletana STG" – "Prodotta secondo la Tradizione napoletana", di colore bianco e bordata di verde, racchiusa in un rettangolo di colore rosso.

Un lungo percorso ha portato la pizza napoletana ad ottenere il riconoscimento Ue di "Specialità tradizionale garantita".

Per fregiarsi del titolo di "napoletana Stg", secondo quanto dettato dal Disciplinare di produzione certificato da Bruxelles.

Gazzetta Ufficiale dell'Unione Europea, REGOLAMENTO (UE) N. 97/2010 DELLA COMMISSIONE del 4 febbraio 2010; *(di seguito riportato);*

di conseguenza approvato dal Ministero delle Politiche Agricole, Alimentari e Forestali tramite la

Gazzetta Ufficiale della Repubblica Italiana, serie Generale n° 56 del 09/03/2010;

Di seguito il regolamento Europeo.

REGOLAMENTO (UE) N. 97/2010 DELLA COMMISSIONE

del 4 febbraio 2010

recante registrazione di una denominazione nel registro delle specialità tradizionali garantite [Pizza Napoletana (STG)]

LA COMMISSIONE EUROPEA,

visto

il trattato sul funzionamento dell'Unione europea,

visto

il regolamento (CE) n. 509/2006 del Consiglio, del 20 marzo 2006, relativo alle specialità tradizionali garantite dei prodotti agricoli e alimentari (1), in particolare l'articolo 9, paragrafo 5, terzo comma,

considerando quanto segue:

1. A norma dell'articolo 8, paragrafo 2, primo comma, del regolamento (CE) n.509/2006 e in applicazione dell'articolo 19, paragrafo 3, del medesimo regolamento, la domanda di registrazione della denominazione «Pizza Napoletana» presentata dall'Italia è stata pubblicata nella Gazzetta ufficiale dell'Unione europea (2).

2. La Germania e la Polonia hanno dichiarato la propria opposizione a norma dell'articolo 9, paragrafo 1, del regolamento (CE) n. 509/2006. Tali opposizioni sono state ritenute ricevibili a norma dell'articolo 9, paragrafo 3, primo comma, lettera a), del suddetto regolamento.

3. La dichiarazione di opposizione della Germania verteva in particolare sul timore che le farine di grano tedesche possano essere svantaggiate poiché, in base al disciplinare, è autorizzato un solo tipo di farina di grano, disponibile in un solo Stato membro, ossia l'Italia.

4. La dichiarazione di opposizione della Polonia, dal canto suo, verteva in particolare sul fatto che il nome non è di per sé specifico e che la domanda di registrazione pubblicata non contiene spiegazioni adeguate.

5. Con nota del 17 settembre 2008, la Commissione ha invitato gli Stati membri interessati a raggiungere un accordo secondo le loro procedure interne.

6. Un accordo, notificato alla Commissione il 24 febbraio 2009 e da quest'ultima approvato, è stato concluso tra l'Italia e la Germania entro un termine di sei mesi. Secondo tale accordo, sono revocate le limitazioni legate all'utilizzo di talune farine di grano.

7. Poiché non è stato tuttavia concluso un accordo tra l'Italia e la Polonia nei termini previsti, la Commissione ha l'obbligo di adottare una decisione in base alla procedura di cui all'articolo 18, paragrafo 2, del regolamento (CE) n. 509/2006.

8. In questo contesto e a seguito dell'opposizione della Polonia, sono state aggiunte al disciplinare le spiegazioni atte a dimostrare che il nome di cui si chiede la registrazione è di per sé specifico.

9. Alla luce di   quanto sopra, la denominazione «Pizza Napoletana» deve quindi essere   iscritta   nel «Registro   delle specialità tradizionali garantite». Non è stata richiesta la protezione di cui all'articolo 13, paragrafo 2, del regolamento (CE) n. 509/2006.

10. Le misure di cui al presente regolamento sono conformi al parere del comitato permanente per le specialità tradizionali garantite.

HA ADOTTATO IL PRESENTE REGOLAMENTO:

Articolo 1

La denominazione che figura nell'allegato I del presente regolamento è registrata.

Articolo 2

Il disciplinare consolidato figura nell'allegato II del presente regolamento.

Articolo 3

Il presente regolamento entra in vigore il ventesimo giorno successivo alla pubblicazione nella Gazzetta ufficiale dell'Unione europea.

Il presente regolamento è obbligatorio in tutti i suoi elementi e direttamente applicabile in ciascuno degli Stati membri.

Fatto a Bruxelles, il 4 febbraio 2010.

Per la Commissione

Il presidente

José Manuel BARROSO

ALLEGATO I

Prodotti alimentari di cui all'allegato I del regolamento (CE) n. 509/2006 Classe 2.3.

Prodotti della confetteria, della panetteria, della pasticceria o della biscotteria

ITALIA

Pizza Napoletana (STG)

IT

ALLEGATO II

DOMANDA DI REGISTRAZIONE DI UNA STG

Regolamento (CE) n. 509/2006 del Consiglio relativo alle specialità tradizionali garantite dei prodotti agricoli e alimentari

«PIZZA NAPOLETANA»

N. CE: IT/TSG/007/0031/09.02.2005

1. <u>**NOME E INDIRIZZO DELL'ASSOCIAZIONE RICHIEDENTE**</u>

   Nome: Associazione Verace Pizza Napoletana

   Indirizzo: Via S. Maria La Nova 49, Napoli

   Tel.: 081/4201205

   Fax: 081/4201205

   E-mail: info@pizzanapoletana.org

   Nome: Associazione Pizzaiuoli Napoletani

   Indirizzo: Corso S. Giovanni a Peduccio 55, Napoli

   Tel.: 0815590781

   Fax: 0815590781

   E-mail: info@pizzaiuolinapoletani.it

   direttivo@pizzaiuolinapoletani.it

2. <u>**STATO MEMBRO O PAESE TERZO**</u>

   Italia

3. <u>**DISCIPLINARE DI PRODUZIONE**</u>

   ### 3.1. Nome da registrare

   «Pizza Napoletana»

   La registrazione è richiesta nella sola lingua italiana.

La dicitura «Prodotta secondo la Tradizione napoletana» e l'acronimo STG contenuti nel logo/etichetta della «Pizza Napoletana» STG, sono tradotti nella lingua del paese in cui ha luogo la produzione.

3.2. Indicare se il nome

X È di per sé specifico

☐ indica la specificità del prodotto agricolo o del prodotto alimentare

Il nome «Pizza Napoletana» è tradizionalmente utilizzato per designare questo prodotto, come attestano le varie fonti di cui al punto 3.8.

3.3. Indicare se è richiesta la riserva del nome ai sensi dell'articolo 13, paragrafo 2, del regolamento (CE) n. 509/2006

☐ Registrazione con riserva del nome

X Registrazione senza <u>riserva</u> del nome

3.4. Tipo di prodotto

Classe 2.3. Prodotti della confetteria, della panetteria, della pasticceria o della biscotteria

3.5. Descrizione del prodotto agricolo o alimentare che reca il nome indicato al punto 3.1

La «Pizza Napoletana» STG si presenta come un prodotto da forno tondeggiante, con

diametro variabile che non deve superare 35 cm, con il bordo rialzato (cornicione) e

con la parte centrale coperta dalla farcitura. La parte centrale sarà spessa 0,4 cm con una tolleranza consentita pari a ± 10%, il cornicione 1-2 cm. La pizza nel suo

insieme sarà morbida, elastica, facilmente piegabile a «libretto».

La «Pizza Napoletana» STG è caratterizzata da un cornicione rialzato, di colore dorato,

proprio dei prodotti da forno, morbida al tatto e alla degustazione; da un centro con

la farcitura, dove spicca il rosso del pomodoro, cui si è perfettamente amalgamato

l'olio e, a seconda degli ingredienti utilizzati, il verde dell'origano e il bianco dell'aglio,

il bianco della mozzarella a chiazze più o meno ravvicinate, il verde del basilico in

foglie, più o meno scuro per la cottura.

La consistenza della «Pizza Napoletana» deve essere morbida, elastica, facilmente

piegabile; il prodotto si presenta morbido al taglio; dal sapore caratteristico, sapido,

derivante dal cornicione, che presenta il tipico gusto del pane ben cresciuto e ben

cotto, mescolato   al   sapore   acidulo del   pomodoro, all'aroma, rispettivamente,

dell'origano, dell'aglio o del basilico, e al sapore della mozzarella cotta.

La pizza, alla fine del processo di cottura, emanerà un odore caratteristico, profumato,

fragrante;

il pomodoro, persa la sola acqua in eccesso, resterà denso e consistente; la Mozzarella

di Bufala Campana DOP o la Mozzarella STG si presenterà fusa sulla superficie della

pizza; il basilico così come l'aglio e l'origano svilupperanno un intenso aroma, apparendo alla vista non bruciati.

3.6. Descrizione del metodo di ottenimento del prodotto che reca il nome indicato al punto 3.1

Le materie prime di base caratterizzanti la «Pizza Napoletana» sono: farina di grano

tenero, lievito di birra, acqua naturale potabile, pomodori pelati e/o pomodorini freschi,

sale marino o sale da cucina, olio d'oliva extravergine. Altri ingredienti che possono

essere utilizzati nella preparazione della «Pizza Napoletana» sono: aglio e origano;

Mozzarella di Bufala Campana DOP, basilico fresco e Mozzarella STG.

Le caratteristiche della farina sono le seguenti:

— W: 220-380

— P/L: 0,50-0,70

— Assorbimento: 55-62

— Stabilità: 4-12

— Indice di caduta E10: max. 60

— Falling numero (indice di Hamburg): 300-400

— Glutine secco: 9,5-11 g %

— Proteine: 11-12,5 g %

La preparazione della «Pizza Napoletana» comprende esclusivamente le fasi di

lavorazione seguenti, da realizzarsi in ciclo continuo nello stesso esercizio:

Preparazione dell'impasto

Si mescolano farina, acqua, sale e lievito. Si versa un litro di acqua nell'impastatrice,

si scioglie una quantità di sale marino compresa tra i 50 e i 55 g, si aggiunge il 10 % della

farina rispetto alla quantità complessiva prevista, successivamente si

stemperano 3 g di lievito di birra, si avvia l'impastatrice e si aggiungono gradualmente

1. 800 g di farina W 220-380 fino al raggiungimento della consistenza desiderata,
2. definita punto di pasta. Tale operazione deve durare 10 minuti.

L'impasto deve essere lavorato nell'impastatrice preferibilmente a forcella per 20
minuti a bassa velocità fino a che non si ottiene un'unica massa compatta. Per
ottenere un'ottimale consistenza dell'impasto, è molto importante la quantità d'acqua
che una farina è in grado di assorbire.

L'impasto deve presentarsi al tatto non appiccicoso, morbido ed elastico.

Le caratteristiche dell'impasto sono le seguenti, con una tolleranza per ognuna di
esse del ± 10%:

— Temperatura di fermentazione: 25 °C

— pH finale: 5,87

— Acidità totale titolabile: 0,14

— Densità: 0,79 g/cm^3 (+ 34 %)

Lievitazione

Prima fase: l'impasto, una volta estratto dall'impastatrice, viene posto su un tavolo
da lavoro della pizzeria dove si lascia riposare per 2 ore, coperto da un panno umido,
in modo che la superficie non possa indurirsi, formando una sorta di crosta causata

dall'evaporazione dell'umidità rilasciata dall'impasto stesso. Trascorse le 2 ore di

lievitazione si passa alla formatura del panetto, che deve essere eseguita dal pizzaiolo

esclusivamente a mano. Con l'ausilio di una spatola si taglia dall'impasto deposto sul

bancone una porzione di pasta lievitata e successivamente le si dà una forma di

panetto.

Per la «Pizza Napoletana», i panetti devono avere un peso compreso tra

i 180 e i 250 g.

Seconda fase della lievitazione: una volta formati i panetti (staglio), avviene una

seconda lievitazione in cassette per alimenti, della durata da 4 ore a 6 ore. Tale

impasto, conservato a temperatura ambiente, è pronto per essere utilizzato entro le

sei ore successive.

Formatura

Passate le ore di lievitazione il panetto viene estratto con l'aiuto di una spatola dalla

cassetta e posto sul bancone della pizzeria su un leggero strato di farina per

evitare che la pagnotta

aderisca al banco di lavoro. Con un movimento dal centro verso l'esterno e con

la pressione delle dita di entrambe le mani sul panetto, che viene rivoltato varie

volte, il pizzaiolo forma un disco di pasta in modo che al centro lo spessore non sia

superiore a 0,4 cm con una tolleranza consentita pari a ± 10 % e al bordo non superi

1-2 cm, formando così il «cornicione».

Per la preparazione della «Pizza Napoletana» STG non sono consentiti altri tipi di

lavorazione, in particolar modo l'utilizzo di matterello e/o di macchina a disco tipo

pressa meccanica.

Farcitura

La «Pizza Napoletana» viene condita con le modalità sotto descritte:

— con un cucchiaio si depongono al centro del disco di pasta da 70 g a

100g di pomodori pelati frantumati;

— con movimento a spirale il pomodoro viene sparso su tutta la superficie

centrale;

— con un movimento a spirale si aggiunge del sale sulla superficie del pomodoro;

— allo stesso modo si sparge un pizzico di origano;

— si taglia uno spicchio di aglio, precedentemente privato della pellicola esterna, a

fettine e lo si depone sul pomodoro;

— con un'oliera a becco e con movimento a spirale si distribuiscono sulla superficie, partendo dal centro, 4-5 g di olio extra vergine di oliva, con una tolleranza consentita pari a + 20 %;

oppure:

— con un cucchiaio si depongono al centro del disco di pasta da 60 a 80 g di pomodori pelati frantumati e/o pomodorini freschi tagliati;

— con un movimento a spirale il pomodoro viene sparso su tutta la superficie

centrale;

— con un movimento a spirale si aggiunge del sale sulla superficie del pomodoro;

— 80-100 g di Mozzarella di Bufala Campana DOP tagliata a listelli vengono

appoggiati sulla superficie del pomodoro;

— si depongono sulla pizza alcune foglie di basilico fresco;

— con un'oliera a becco e con movimento a spirale si distribuiscono sulla superficie, partendo dal centro, 4-5 g di olio extra vergine di oliva, con una tolleranza consentita pari a + 20 %;

oppure:

— con un cucchiaio si depongono al centro del disco di pasta da 60 a 80 g di pomodori pelati frantumati;

— con un movimento a spirale il pomodoro viene sparso su tutta la superficie

centrale;

— con un movimento a spirale si aggiunge del sale sulla superficie del

pomodoro;

— 80-100 g di Mozzarella STG tagliata a listelli vengono appoggiati

sulla superficie

del pomodoro;

— si depongono sulla pizza alcune foglie di basilico fresco;

— con un'oliera a becco e con movimento a spirale si distribuiscono sulla

superficie,

partendo dal centro, 4-5 g di olio extra vergine di oliva con una tolleranza

consentita

pari a + 20 %.

Cottura

Il pizzaiolo trasferisce su una pala di legno (o di alluminio), aiutandosi con un

poco

di farina e con movimento rotatorio, la pizza farcita, che viene fatta scivolare

sulla

platea del forno con un movimento rapido del polso tale da impedire la

fuoriuscita

della farcitura. La cottura della «Pizza Napoletana» STG avviene

esclusivamente in forni

a legna, dove si raggiunge una temperatura di cottura di 485 °C, essenziale per

ottenere la «Pizza Napoletana» STG.

Il pizzaiolo deve controllare la cottura della pizza sollevandone un lembo, con l'aiuto

di una pala metallica, e ruotando la pizza verso il fuoco, utilizzando sempre la stessa

zona di platea iniziale per evitare che la pizza possa bruciarsi a causa di due differenti

temperature. È importante che la pizza venga cotta in maniera uniforme su tutta la

sua circonferenza.

Sempre con la pala metallica, al termine della cottura, il pizzaiolo preleverà la pizza

dal forno e la deporrà sul piatto da portata. I tempi di cottura non devono superare

i 60-90 secondi.

Dopo la cottura la pizza si presenterà con le seguenti caratteristiche: il pomodoro,

persa la sola acqua in eccesso, resterà denso e consistente; la Mozzarella di Bufala

Campana DOP o la Mozzarella STG si presenterà fusa sulla superficie della pizza; il

basilico così come l'aglio e l'origano

svilupperanno un intenso aroma, apparendo alla vista non bruciati.

— Temperatura di cottura platea: 485 °C circa

— Temperatura della volta: 430 °C circa

— Tempo di cottura: 60-90 secondi

— Temperatura raggiunta dalla pasta: 60-65 °C

— Temperatura raggiunta dal pomodoro: 75-80 °C

— Temperatura raggiunta dall'olio: 75-85 °C

— Temperatura raggiunta dalla mozzarella: 65-70 °C

Conservazione

La «Pizza Napoletana» va preferibilmente consumata immediatamente, appena sfornata,

negli stessi locali di produzione; comunque, qualora non sia consumata nel locale di

produzione, non può essere congelata o surgelata o posta sottovuoto per una

successiva vendita.

3.7. Carattere specifico del prodotto agricolo o alimentare

Gli elementi chiave che definiscono il carattere specifico del prodotto in argomento sono numerosi e direttamente riconducibili ai tempi e alle modalità delle operazioni, nonché all'abilità e all'esperienza dell'operatore artigiano.

In particolare il processo di lavorazione della «Pizza Napoletana» si caratterizza per: l'impasto, la consistenza e l'elasticità della pasta (reologia) e la tipicità della lievitazione (differenziata in due fasi temporali con condizioni specifiche di tempi/temperatura); la preparazione e la formatura dei panetti; la manipolazione e la preparazione del disco di pasta lievitato; la preparazione del forno e le caratteristiche di cottura (tempi/temperature), le particolarità del forno rigorosamente a legna.

A titolo esemplificativo, si sottolinea l'importanza della seconda lievitazione, della manipolazione e delle attrezzature di lavorazione ovvero il forno obbligatoriamente a legna e le pale.

Dopo la seconda lievitazione, il panetto ha subito un aumento di volume ed umidità rispetto al periodo precedente.

Quando si comincia ad esercitare una pressione con le dita di entrambe le mani, la forza esercitata provoca lo spostamento dell'aria contenuta nelle alveolature della pasta dal centro verso la periferia del disco di pasta cominciando a formare il cosiddetto «cornicione». Questa tecnica rappresenta una caratteristica fondamentale per la «Pizza Napoletana» STG perché il cornicione garantisce il mantenimento al suo interno di tutti gli ingredienti della farcitura. Per far sì che la pagnotta diventi di maggior diametro si procede nella lavorazione facendo volteggiare l'impasto tra le mani, tenendo la mano destra in posizione obliqua di 45-60° rispetto al piano di lavoro, dove verrà poggiato il disco di pasta, che ruoterà grazie ad un movimento sincronizzato con la mano sinistra.

Al contrario, altri tipi di lavorazione, specie con il matterello o la macchina a disco (tipo pressa meccanica), non riescono a provocare in modo omogeneo lo spostamento verso l'esterno dell'aria delle alveolature presenti nella massa al fine di produrre un disco di pasta uniforme in tutte le sue zone. Si otterrà, quindi, la formazione al centro del disco di una zona stratificata di pasta, divisa da aria nell'intercapedine. Per cui, se si opera con tali mezzi, la pizza, dopo la cottura, non presenterà il tipico cornicione, che è una delle principali caratteristiche della «Pizza Napoletana» STG.

La tecnica napoletana, inoltre, prevede che il pizzaiolo, dopo aver preparato una serie variabile da tre a sei dischi di pasta farciti, con precisi e rapidi gesti delle mani accompagni la pizza con maestria, facendo in modo che non perda la sua originaria forma tonda, dal banco di lavoro alla pala (viene trascinata con entrambe le mani dal pizzaiolo, che, facendole fare un giro su se stessa di circa 90°, la depone su una pala idonea al servizio). Il pizzaiolo cosparge la pala da infornata con un poco di farina, per consentire il facile scivolamento della pizza dalla pala nel forno. Questo avviene con un rapido colpo di polso, tenendo la pala ad un angolo di 20-25° rispetto al piano del forno stesso facendo in modo che il condimento non cada dalla superficie della pizza stessa.

Non sono idonee tecniche alternative alla precedente descrizione in quanto il prelevamento della pizza direttamente dal banco di lavoro con la pala non garantisce l'integrità della pizza stessa da infornare.

Il forno a legna è un elemento di primaria importanza per la cottura e la qualità della «Pizza Napoletana». Le caratteristiche tecniche che lo contraddistinguono intervengono in modo assoluto nella riuscita della classica «Pizza Napoletana». Il forno napoletano da pizza è costituito da una base di mattoni di tufo, con un piano circolare sovrastante detto suolo o platea, sul quale a sua volta viene costruita una cupola. La volta del forno è costituita da materiale refrattario che quindi non consente la dispersione del calore. In effetti, le proporzioni tra le varie parti del forno sono essenziali per ottenere una buona cottura della pizza. Il riferimento alla tipologia del forno è rappresentato dall'ampiezza del suolo, formato da quattro settori circolari refrattari che andranno a formare il suolo. La pizza verrà sollevata con la pala in acciaio e/o alluminio e portata verso la bocca del forno, dove verrà deposta e le verrà fatto fare un giro di 180°; la pizza verrà riportata poi nello stesso punto precedente, in modo da ottenere una temperatura della base diminuita del calore assunto dalla pizza per la cottura.

Appoggiando la pizza in un punto differente si troverebbe la temperatura iniziale invariata, con conseguente bruciatura della base.

Tutti questi fattori specifici determinano il fenomeno della camera d'aria e dell'aspetto visivo del prodotto finale; la «Pizza Napoletana» infatti è morbida e compatta con cornicione alto, lievitata all'interno, particolarmente soffice e facilmente piegabile a «libretto». È importante sottolineare che tutti gli altri prodotti similari ottenuti con processi di lavorazione differenti da quello disciplinato non possono presentare le stesse caratteristiche visive e organolettiche della «Pizza Napoletana».

3.8. Tradizionalità del prodotto agricolo o alimentare

La comparsa della «Pizza Napoletana» può essere fatta risalire a un periodo storico che si colloca tra il 1715 e il 1725. Vincenzo Corrado, cuoco generale del principe Emanuele di Francavilla, in un trattato sui cibi più comunemente utilizzati a Napoli, dichiara che il pomodoro viene impiegato per condire la pizza e i maccheroni, accomunando due prodotti che hanno fatto nel tempo la fortuna di Napoli e consentito la sua collocazione nella storia della cucina. A tale evento si riconduce la comparsa ufficiale della «Pizza Napoletana», un disco di pasta condito con il pomodoro.

Numerosi sono i documenti storici che attestano che la pizza è una delle specialità culinarie di Napoli, e lo scrittore Franco Salerno afferma che tale prodotto è una delle più grandi invenzioni della cucina napoletana.

Gli stessi dizionari della lingua italiana e l'Enciclopedia Treccani parlano specificamente di «Pizza Napoletana». E l'espressione «Pizza Napoletana» viene citata addirittura in numerosi testi letterari.

Le prime pizzerie, senza dubbio, sono nate a Napoli e fino a metà del 900 il prodotto era un'esclusiva di Napoli e delle pizzerie. Fin dal 1700 erano attive nella città diverse botteghe, denominate «pizzerie», la cui fama era arrivata sino al re di Napoli, Ferdinando di Borbone, che per provare questo piatto tipico della tradizione napoletana violò l'etichetta di corte entrando in una tra le più rinomate pizzerie. Da quel momento la «pizzeria» si trasformò in un locale alla moda, luogo deputato all'esclusiva preparazione della «pizza». Le pizze più popolari e famose a Napoli erano la «marinara», nata nel 1734, e la margherita, del 1796-1810, che venne offerta alla regina d'Italia in visita a Napoli nel 1889 proprio per il colore dei suoi condimenti (pomodoro, mozzarella e basilico) che ricordano la bandiera dell'Italia.

Nel tempo sono sorte pizzerie in tutte le città d'Italia e anche all'estero, ma ognuna di queste, anche se sorta in una città diversa da Napoli, ha sempre legato la sua stessa esistenza alla dizione «pizzeria napoletana» o, in alternativa, ha utilizzato un termine che potesse rievocare in qualche modo il suo legame con Napoli, dove da quasi 300 anni questo prodotto è rimasto pressoché inalterato.

Nel 1984, nel mese di maggio, quasi tutti i vecchi pizzaioli napoletani procedettero alla stesura di un breve disciplinare firmato da tutti e registrato con atto ufficiale dinanzi al notaio Antonio Carannante di Napoli.

Il termine «Pizza Napoletana» nei secoli si è talmente diffuso che ovunque, anche fuori dell'Europa, dall'America centrale e meridionale (ad esempio Messico e Guatemala) all'Asia (ad esempio Thailandia e Malesia), pur non avendo in alcuni casi cognizione della collocazione geografica della città di Napoli, il prodotto in argomento è conosciuto con il nome di «Pizza Napoletana».

3.9. Requisiti minimi e procedure di controllo del carattere specifico del prodotto

I controlli previsti per la STG «Pizza Napoletana» riguarderanno i seguenti aspetti:

presso le aziende, nella fase d'impasto, lievitazione e preparazione, seguendo il corretto svolgimento e la corretta successione delle fasi descritte; controllando attentamente i punti critici dell'azienda; verificando la corrispondenza delle materie prime a quelle previste nel disciplinare di attuazione; verificando la perfetta conservazione e l'immagazzinamento delle materie prime da utilizzare e verificando che le caratteristiche del prodotto finale siano conformi a quanto previsto dal disciplinare di produzione.

3.10. Logo

L'acronimo STG, e le diciture «Specialità Tradizionale Garantita» è prodotta secondo la Tradizione napoletana» sono tradotti nelle altre lingue ufficiali del paese in cui ha luogo la produzione.

Il logo che può individuare la «Pizza Napoletana» è il seguente: un'immagine ovale ad impostazione orizzontale di colore bianco con contorno in grigio chiaro, che rappresenta il piatto nel quale viene presentata la pizza, riprodotta in maniera realistica ed allo stesso tempo graficamente stilizzata rispettando pienamente la tradizione e raffigurante gli ingredienti classici, quali il pomodoro, la mozzarella le foglie di basilico e un filo di olio di oliva.

Al di sotto del piatto, sfalsato, compare un effetto di ombra di colore verde, che rafforza, accoppiato con gli altri, i colori nazionali del prodotto.

Appena sovrapposta al piatto contenente la pizza, compare una finestra rettangolare di colore rosso, con angoli fortemente arrotondati, contenente la scritta in bianco contornata in nero, con ombra sfalsata in verde con contorno in bianco: «PIZZA NAPOLETANA STG». Su tale scritta, in alto, leggermente spostato a destra, con caratteri di corpo inferiore e di tipo diverso e di colore bianco, vi è la scritta «Specialità Tradizionale Garantita».

In basso, poi, al centro, con lo stesso carattere del logo, «PIZZA NAPOLETANA STG», in maiuscoletto, in bianco con contorno nero, è sovrapposta la dicitura: «Prodotta secondo la Tradizione napoletana».

Scritte	Caratteri
PIZZA NAPOLETANA STG	varga
Specialità Tradizionale Garantita	Alternate Gothic
Prodotta secondo la Tradizione napoletana	varga

Colori della Pizza	Pantone ProSim	C	M	Y	K
Beige carico del cornicione	466	11	24	43	0 %
Fondo rosso della salsa di pomodoro	703	0 %	83	65	18
Foglioline di basilico	362	76	0 %	100	11
Venature foglie di basilico	562	76	0 %	100	11
Rosso dei pomodori	032	0 %	91	87	0 %
Filo d'olio d'oliva	123	0 %	31	94	0 %
Mozzarella	600	0 %	0 %	11	0 %
Riflessi sulla mozzarella	5807	0 %	0 %	11	9

I Colori della Parte Grafica dei caratteri	Pantone ProSim	C	M	Y	K
Il grigio del bordo del piatto ovale	P. Grey – 3CV	0 %	0 %	0 %	18
Il verde dell'ombra del piatto ovale	362	76	0 %	100	11
Il rosso del rettangolo con angoli tondi	032	0 %	91	87	0 %
Bianca con bordo in nero la scritta «PIZZA	---	0 %	0 %	0 %	0 %

NAPOLETANA STG»				59
Bianca con bordo in nero la scritta «Prodotta secondo la Tradizione napoletana»	---	o %	o %	o %	o %
Bianca la scritta «Specialità Tradizionale Garantita»	---	o %	o %	o %	o %

Di seguito il disegno del logo:

4. <u>**AUTORITÀ O ORGANISMI CHE VERIFICANO IL RISPETTO DEL DISCIPLINARE**</u>

4.1. Nome e indirizzo

Nome: Certiquality SRL

Indirizzo: Via Gaetano Giardino, 4 – 20123 Milano

Tel.: 02/8069171

Fax: 02/86465295

E-mail: certiquality@certiquality.it

Privato

Nome: DNV Det Norske Veritas Italia

Indirizzo: Centro Direzionale Colleoni Viale Colleoni, 9 Palazzo Sirio 2 – 20041 Agrate

Brianza (MI)

Tel.: +39 0396899905

Fax: +39 0396899930

E-mail: —

Privato

Nome: ISMECERT

Indirizzo: Corso Meridionale, 6 – 80143 NAPOLI

Tel.: 0815636647

Fax: 0815534019

E-mail: info@ismecert.com

Privato

4.2. Compiti specifici dell'autorità o dell'organismo

Tutti e tre gli organismi di controllo sopra citati effettuano i controlli su soggetti diversi che operano nelle diverse parti del territorio nazionale.

FINE--

Un pizzaiolo non è un ingegnere in fisica nucleare; egli è un operatore pratico la cui conoscenza teorica non deve portarlo fuori dal campo che gli è consono: *la realizzazione di una buona pizza*.

Deve sapere al massimo cosa è il glutine della farina, come si comporta il lievito, il ruolo del sale, la funzione dei grassi, con le varie interrelazioni tra tutti questi elementi, in rapporto col fattore temperatura e umidità, tutto ciò per permettergli di capire al meglio il meccanismo delle sue azioni durante il suo lavoro giornaliero, nonché per aiutarlo a risolvere un eventuale problema inaspettato.

Il di più è di troppo …

Se la precedente parte teorica verteva sull'essenziale, ben più espansa si presenta la rassegna degli impasti e i consigli vari nonché qualche ricetta e tipi di pizza.

Ci sono vari metodi di impasto:

- **indiretto** (esso avviene in due fasi: una prima lievitazione, liquida oppure consistente, (poolish – biga) e l'impasto propriamente detto; generalmente tra le due azioni intercorrono diverse ore.);

- **semi-indiretto** (in questo caso all'impasto diretto si aggiungono delle palline di riporto generalmente rimaste dal giorno precedente);

- **diretto**, quando tutti gli ingredienti sono mescolati in una sola volta.

Qui spieghiamo il metodo diretto, quello più usato.

Farina consigliata W 260 (la nota, circa l'uso della farina, è solamente a carattere indicativo)

Dosi per 1 litro di acqua (risultato per circa 10 panetti – panielli – da circa 250gr ognuno)

- 1 litro di acqua
- 1gr di lievito di birra[1]*
- 52gr di Sale
- Farina circa 1550/1650gr[2]*
- 50gr di Olio EVO[3]*

Con una dose del genere si può lavorare anche a mano (consigliato), per chi possiede una impastatrice risparmia di lavoro.

PROCEDIMENTO

1. Versare tutta l'acqua (temperatura di circa 20°C) in una bacinella o impastatrice;
2. Stemperare il lievito di birra nell'acqua;
3. Versare l'olio EVO dove richiesto (nell'impasto STG non c'è)
4. Versare circa il 30% di farina setacciata e iniziare ad impastare o azionare l'impastatrice, lavorare per circa 3/5 minuti;
5. Versare il sale;
6. Versare il restante della farina setacciata fino ad avere un impasto liscio e setoso;
7. Tutto il procedimento non deve durare più di 30 minuti a mano o 10 minuti in impastatrice, se si continua più del necessario può spezzarsi la maglia glutinica creata ed avere un impasto complesso da stendere e gommoso da mangiare.

Finito l'impasto, trasferitelo sul vostro banco da lavoro, copritelo con un panno di tela umido e lasciatelo riposare a circa 20°C per 2 ore, (questo procedimento si chiama **_PUNTATA_**) serve per far partire la lievitazione e dar modo all'impasto di formarsi al meglio.

Successivamente si procede con la formazione dei panetti – panielli – da circa 250/260gr per S.T.G, fino ad un massimo di 280gr per una pizza da 33cm (questo procedimento si chiama **_STAGLIO_**).

I panetti si lasciano riposare sempre a circa 20°C per 6 ore nelle apposite cassettine chiuse per evitare di far seccare la superfice delle palline fino poi all'infornata (questo procedimento si chiama **_APRETTO_**).

--N.B.: di seguito, pagina 52, descrizione dettagliata della gestione e preparazione di un impasto base--

[1]*La quantità va calcolata in base a molte variabili;

[2]*La quantità di farina dipende da che idratazione si vuol dare all'impasto;

Per la cottura esistono tre tipi di forno:

1. A LEGNA
2. A GAS
3. ELETTRICO

È uno dei temi classici che si porta avanti da anni, con tesi spesso contrastanti e, comunque, poco convincenti. Anche in questo campo se ne dicono tante, nella maggior parte senza cognizione di causa. Per questo, vediamo di cominciare dall'inizio, dal capire come funzionano i tre diversi forni con dati alla mano, liberi da altri condizionamenti.

Partiamo dalla generazione del calore.

Nel forno elettrico questa avviene per riscaldamento di resistenze che, attraversate dalla corrente, generano un calore che cedono all'ambiente circostante. In genere, questo "circostante" viene confinato in modo da far emettere più calore in una determinata direzione, così come nei forni elettrici abbiamo anche una differenziazione di calore gestibile tra *platea,* cioè il piano del forno, ed il *cielo* o *volta,* cioè la parte alta del forno. Insieme alla valvola di sfogo del calore, posta in genere in fondo da un lato, si può effettuare una gestione della umidità e dell'aria presente nel forno, dando luogo alla cosiddetta "conduzione" del forno che è comune anche in quello a legna. Non c'è combustione alcuna, non essendoci fiamma viva, e le temperature raggiungibili sono di poco inferiori ad un forno a legna.

Il forno a legna o comunque a fiamma (parliamo quindi anche del gas), invece, ha la sua generazione di calore nell'ossidoriduzione violenta dell'ossigeno su di un carburante, legna o gas che sia, ossidoriduzione che altro non è che una veloce cessione di elettroni tra i due elementi coinvolti, cioè l'aria e la legna, ad esempio, che emette calore e radiazioni nel campo del visibile, cioè il fuoco. Certo, detta così perde tanto il suo fascino, eh? Beh, vediamo di dirla tutta così come poi veramente succede in un forno. La reazione di cui parlavamo prima, cioè quella della combustione per semplificare, non emette praticamente nulla in presenza di ossigeno puro e carbonio puro. Uno stato ideale, che non si trova quasi mai manco in laboratorio, figuratevi in pizzeria. In tutti gli altri casi ci sono dei prodotti che vanno spesso sotto il nome di nerofumo in maniera molto generica, cioè particolati di dimensioni di dimensioni nano-micrometriche che potere facilmente osservare mettendo anche la lama di un coltello su una candela per un po'. Diventerà rapidamente nera, senza che voi vediate volare nulla.

E questo è quello che ci interessa. Sì, perché a questo punto, capendo che abbiamo un particolato che si forma in funzione dell'aria e di cosa stiamo bruciando, possiamo in qualche modo gestire anche questo a nostro favore o meno. Come si fa? Beh, innanzitutto si deve creare un bel passaggio di aria regolabile, quello che erroneamente viene spesso chiamato "tiraggio" del camino ma è in realtà la definizione esatta del flusso di aria che entra dalla bocca del forno e che esce dal camino, passando in maggior parte, attenzione a questo particolare, proprio lì dove andremo a mettere la legna da bruciare. Eh sì, perché se abbiamo detto che il fuoco, la combustione, è un prodotto della rapida ossidoriduzione dell'ossigeno sul combustibile, l'aria lì ha da passare, mica può andare a zonzo per il forno e, invece, questo succede anche per molti altri motivi (moti convettivi soprattutto) che non sto qui a spiegarvi, fanno depositare il particolato in ogni dove del forno ma, credetemi, se mi sono spiegato bene fin qui, a questo punto sarete già un po' più bravi a valutare anche come è stato fatto un forno a fiamma

Quindi, il forno a fiamma crea un calore esogeno in un punto del forno, prende aria per alimentarsi, la forma del forno ed i moti convettivi derivanti convogliano il calore in determinati punti, quei punti sono la volta e la platea del forno che, realizzati in opportuni materiali refrattari, cioè che rifrangono il calore trattenendone comunque una parte, rendono volta e platea caldi quanto serve per cuocere la nostra amata pizza.

La temperatura giusta per cuocere una pizza in un forno a fiamma sta intorno ai 450 gradi centigradi di platea, più o meno.

Ora, detto questo, sappiamo che in un forno a fiamma c'è produzione di particolato che può andare in giro per il forno e che non si vede facilmente a occhio nudo (a meno che non si esageri e diventi fumo) quindi, che effetto ha questo particolato?

Questo particolato c'è e sappiamo, a questo punto, che dipende dalla purezza di ciò che si brucia. Ora, più o meno coscientemente, da sempre nei forni a legna gestiamo il particolato. Sì, perché non c'è un bravo pizzaiolo che, con il suo fornaio, non si scelga la legna da bruciare. Essenze varie, olivo, quercia, faggi, ce ne sono e a volte fanno parte dei segreti della pizzeria, perché il particolato che produce la combustione della legna diversa si deposita sulla pizza (e sotto) conferendogli un sapore diverso, soprattutto a parità di impasto.

Questa è la vera differenza del forno a legna, importante, che deve essere tenuta presente e che conferisce spesso anche quel "sapore di pizza" che ancestralmente ricerchiamo ma non siamo in grado di _decodificare sensorialmente_.

La pizza con un ottimo impasto viene perfetta anche nel forno elettrico, però manca di una componente aromatica in più, ammesso che la si sappia scegliere, anche se una combustione da contatto nel forno elettrico c'è sempre, sulla superficie del forno o della teglia.

Questo dovrebbe farvi alla conclusione che i forni a gas, seppure a fiamma, bruciano metano o GPL con differenti componenti aromatici, quindi i sapori sono ben diversi e non gestibili dal pizzaiolo. C'è a chi piace, comunque alla fine c'è chi ci tira fuori qualcosa di buono ma, lo sappiamo, è poi l'impasto ed il condimento la presenza gustativa preponderante.

Comunque al fine non esiste che ci sia una superiorità di cottura dell'impasto tra un forno a legna, gas o un forno elettrico, parlando di calore puro. Gli impasti cotti con il forno elettrico, si comportano in apparenza come quelli cotti nel forno a legna e gas: mostrano ad esempio la stessa maculazione, il makò, segno molto importante per la qualità dell'impasto cotto e che ne indica una ottima maturazione e cottura, tanto per dirne una, dando garanzia di digeribilità al cliente.

La gestione del forno elettrico è più facile in cucina di un forno a legna, che deve essere continuamente gestito (condotto) da una persona dedicata. Questo tanto per dire le cose più importanti.

Andiamo ora per le cose certe. Un pessimo impasto non viene miracolato da un forno a legna. Andare in una pizzeria con forno a legna non è assolutamente garanzia di qualità, manco un po'. Non ci cascate, perché questa è una cosa che odio: leggi "Forno a Legna" e senti la gente che dice: "Eh, cavolo, c'è il forno a legna, la pizza è buona!". Proprio no. Se, come succede nella maggior parte delle pizzerie italiane, si usano i mix o i semilavorati per preparare l'impasto, lo schifo sarà uguale, nel forno a legna come in quello elettrico. Diciamo pure che il forno elettrico condotto bene cuoce tecnicamente meglio del forno a legna, perché è tutto controllato, oggi giorno, e regolabile. Certo, se non sai quello che fai, lasciamo perdere anche qui. Le temperature di cottura di una pizza sono alte, non sono quelle del pane. I migliori impasti possono cuocere anche a temperature più basse, tanto da ottenere risultati inaspettati anche a casa, però se non si hanno almeno 320 gradi a disposizione, la tonda non riesce bene, mentre per la teglia si può fare qualcosa di molto buono già a 250 gradi.

PIZZA COTTA IN FORNO A LEGNA

PIZZA COTTA IN FORNO A GAS

CHE COSA È LA COTTURA E COME AVVIENE.

Trattandosi della pizza possiamo dire che la cottura è quel processo attraverso cui avviene la gelatinizzazione degli amidi, la caramellizzazione degli zuccheri, nonché una parziale evaporazione delle molecole dell'acqua.

Quando introduciamo una pizza nel forno (qualunque ne sia il tipo) la cottura avviene per tre vie:

CONVENZIONE: attraverso questa via la pizza verrà attaccata dalla temperatura ambientale del forno.

IRRAGGIAMENTO: in questo caso la temperatura della volta del forno si trasmetterà alla parte superiore nonché all'interno della pizza.

CONDUZIONE: il terzo modo attraverso cui avverrà la cottura, sarà dalla platea del forno che trasmetterà la sua temperatura alla parte sottostante della pizza.

Ma vediamo adesso un po' più da vicino le differenti fasi della cottura di una pizza una volta immessa nel forno:

Dopo pochi secondi, non appena essa raggiunge i 30°C avviene una forte produzione di anidride carbonica da parte dei lieviti.

A 40°C avviene la fermentazione alcolica e l'aumento del gas carbonico.

Dai 60°C ai 65°C gli amidi iniziano a gelatinizzarsi mentre al tempo stesso il glutine tenderà alla coagulazione.

Verso i 75°C avviene la caramellizzazione degli zuccheri e i bordi cominciano a colorarsi intensamente, mentre la pizza non può ancora considerarsi tecnicamente cotta.

Sarà in quel momento essa avrà raggiunto una temperatura oltre gli 80°C che una parte dell'acqua sarà evaporata: allora la mollica non sarà più troppo umida e noi possiamo considerare la nostra pizza veramente cotta.

Ciò avviene in circa 60/90secondi ad una temperatura del forno di circa 480°C.

Ci sono vari metodi di stesura del panetto:

- Napoletana (SLAP o a Schiaffo);

- Americana (allunga e gira);

- *Jeeg* (con pugni).

Descriviamo il primo, perché è quello utilizzato per una Vera Pizza Napoletana.

(è più facile a farsi che a dirsi, ci vuole molta pratica che teoria)

METODO "SLAP"

1° FASE

1. Utilizzare palline in lievitazione perfetta. Utilizzare solo la spatola infarinata per prelevare le palline dalle cassette di conservazione. *Non sformare assolutamente la pallina nel prelievo, cercare di mantenerla più rotonda possibile*.

2. Infarinare la spatola senza problemi e limiti di farina.

3. Dividere con un taglio netto della spatola, prima della manipolazione, le eventuali palline attaccatesi fra loro.

4. Porre la pallina su un piano di lavoro preparato con una certa quantità di farina (senza troppi limiti).

5. Dare ripetute ed energiche schiacciate alla pallina con le dita delle due mani, dal centro verso i bordi, cosi che l'aria passi nel "cornicione", capovolgendo, di tanto in tanto, la pallina che così diviene sempre più un "disco di pasta". (***Mai schiacciare i bordi***)

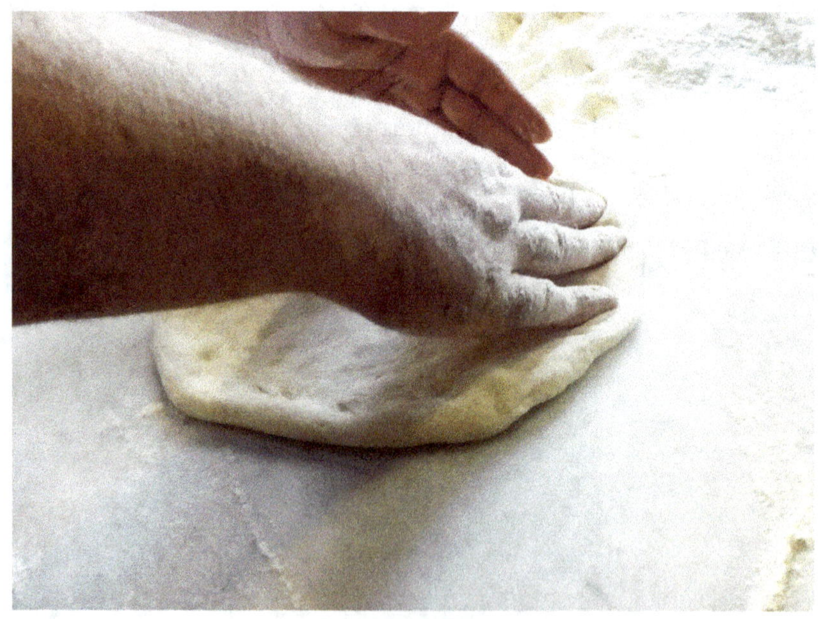

6. Verificare, sempre, che ci sia farina sul piano di lavoro e da ambo le parti del disco di pasta.

7. Verificare, in ogni momento, che il disco tondo mantenga sempre tale rotondità.

8. Non preoccuparsi della velocità di realizzazione (che si acquista con il tempo e l'esperienza), ma della rotondità del disco e della omogeneità del lavoro di schiacciamento. Tendenzialmente, al centro, tende ad aprirsi troppo creando automaticamente dei buchi, mentre ai lati, i bordi tendono a rimanere alti e disomogenei. Ciò avviene, per carenza d'esperienza pratica, se il lavoro non viene eseguito alla perfezione e in particolare resta difficile mantenere la rotondità se non esiste, appunto, una grossa esperienza.

9. Dopo essersi assicurati che il disco è tondo, allargare la pallina quanto basta per porvi le due mani chiuse per iniziare la seconda fase di allargamento del disco.

10. Capovolgere sempre il disco, verificare che l'attrito, per mancanza di farina, non sia eccessivo.

2° FASE

1. Prendere con una mano, un lato del disco, facendo attenzione a non intaccare il bordo, e tirare, mentre l'altra mantiene il disco a terra;

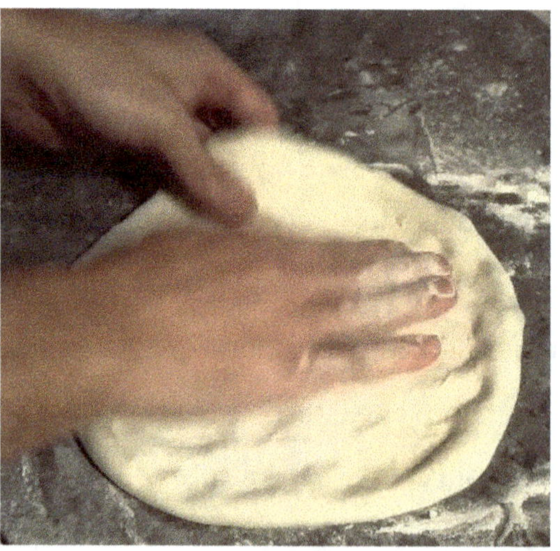

2. Fargli fare un mezzo giro e ripetere la manipolazione al punto 1;

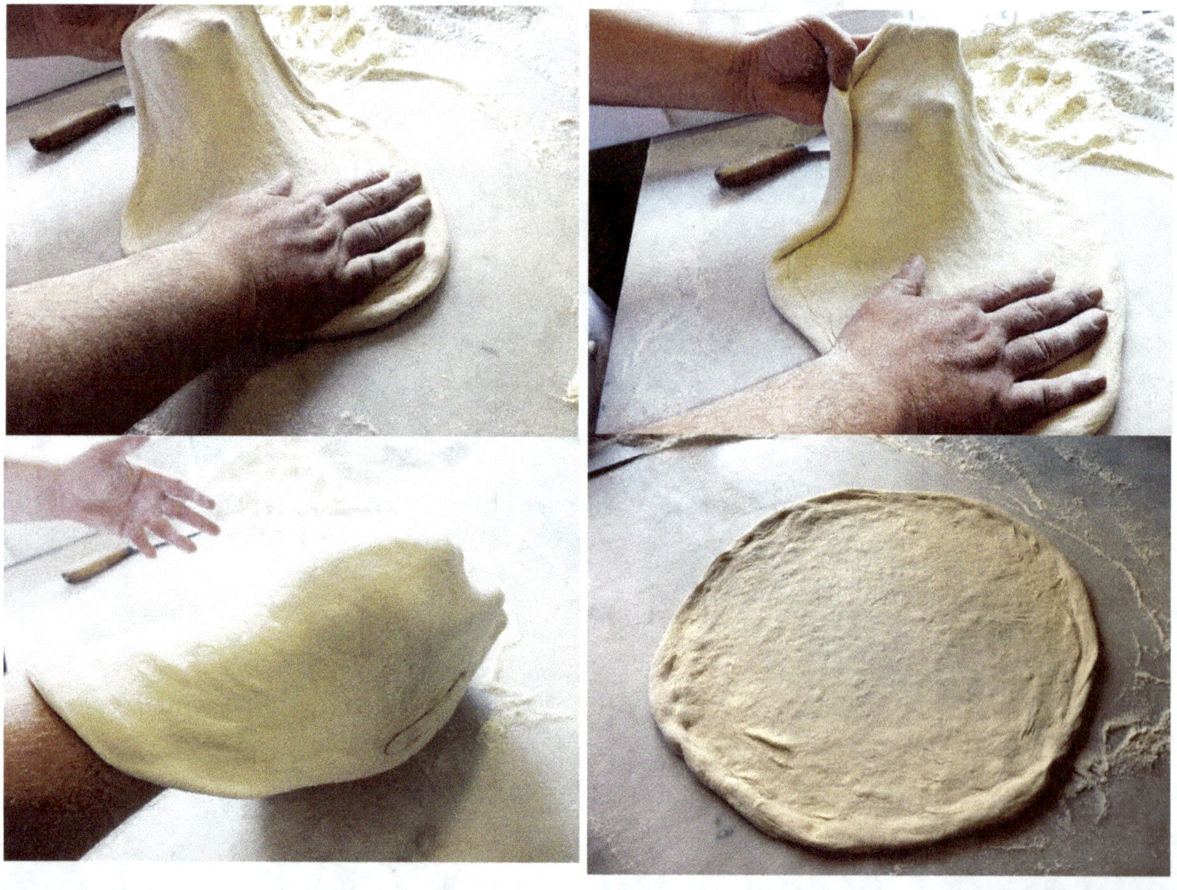

Come visto precedentemente spiegato in maniera veloce la preparazione di un impasto generico base per la PIZZA NAPOLETANA.

Ora vediamo nel dettaglio come fare:

IMPASTO STG A MANO

Ipotizziamo di avere una temperatura ambiente di 20°C e di ottenere un impasto con temperatura finale di 20°C cosi da agevolare la fermentazione dei lieviti, l'impasto maturerà per 8 ore, preparato alle ore 12:00, puntata di 2 ore (14:00), staglio e appretto di 5 ore (19:00).

L'ACQUA

1 Litro a temperatura di circa 15°C

LA FARINA

Farina di Grano Tenero tipo "00" con W260 (idonea per 8 di maturazione); la quantità con un impasto finale a circa il 60% di idratazione e di circa 1600gr

IL LIEVITO

Il lievito va disciolto e stemperato in acqua, la quantità con i dati descritti è di 0.75gr.

SALE

Sale fino marino, quantità 52gr, immesso nell'impasto, non a contatto diretto con il lievito.

PROCEDIMENTO

Versare nella madia (bacinella) tutta l'acqua alla temperatura di 15°C e sciogliere, stemperando, il lievito dentro, versare circa 600gr di farina setacciata e mescolare con forza facendo assorbire tutta l'acqua per circa 4 minuti, si avrà un impasto molto molle, si immette il sale e si continua a mescolare, altri 4 minuti, fino a versare, il restante della farina setacciata e mescolare 10 minuti fino ad ottenere un impasto liscio e setoso che non si attacchi alle mani, il lavoro non deve durare più di 20 minuti.

Successivamente lasciare riposare sul banco (PUNTATA) per 2 ore con un panno umido sopra per evitare di far seccare la superfice dell'impasto. Si procede con lo staglio e si formano i panetti da circa 250gr ognuno, con queste dosi ne usciranno circa 11, ponendoli nelle cassette di maturazione (APPRETTO) per 5 ore. Cosi da lasciar modo ad una buona lievitazione e maturazione dei panetti.

Stendere i panetti condirli a piacere e infornarli, il forno deve avere una temperatura di platea di 470°C, perché la pizza cuoce da sotto.

Impasto con farina W = 260   IDRO % 63

Panetti 11 da gr 250   Peso impasto gr 2653

RICETTA		TEMPERATURE °C	
Acqua gr	1000	Ambiente	20
Farina gr	1600	Farina	19
Sale gr	52	Acqua	15
Lievito gr	0,75	Impasto finale	20

AUTOLISI si ORE 1 T°C 20

PUNTATA 2 ORA a T°C 20

STAGLIO

APPRETTO 5 ORA a T°C 20

Totale ore Maturazione 8

INFORNATA

L'impasto è una delle fasi principali nella preparazione del pane e dei prodotti da forno in generale. Dalle sue qualità dipendono per l'80% circa le caratteristiche del prodotto finito, per cui una corretta esecuzione dell'impasto riveste un'importanza fondamentale per ottenere un prodotto finito eccellente.

Il glutine è un composto proteico elastico che si forma mediante energia meccanica quando acqua e farina vengono a contatto. Il glutine nelle fasi d'impasto si struttura quindi come una rete tridimensionale che riesce ad assorbire liquidi e dare all'impasto una particolare struttura interna chiamata maglia glutinica: i gas di lievitazione restano intrappolati al suo interno, permettendo al prodotto da forno di gonfiarsi prima e durante la cottura e sviluppare una corretta alveolatura interna. La maglia glutinica si forma grazie all'energia meccanica apportata dal lavoro delle impastatrici o delle braccia quando s'impasta a mano. Il glutine necessita di essere quindi creato e rinforzato, sia in alcune fasi dell'impasto, sia in momenti successivi come nel caso della porzionatura e forma dei panetti prima della cottura finale. Per farla semplice, immaginate una rete elastica vera e propria all'interno dell'impasto: questa rete una volta formata inizierà a rilassarsi grazie all'azione degli enzimi presenti nella farina.

PIEGA DI RINFORZO

La piega di rinforzo serve a rimettere in tiro la maglia glutinica, ridando all'impasto una forma più compatta. Questo esempio rappresenta solo una delle applicazioni possibili delle pieghe di rinforzo, esistono infatti altri campi di applicazione.

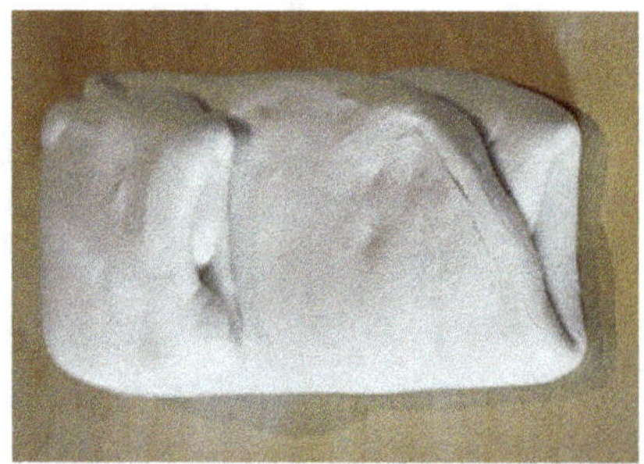

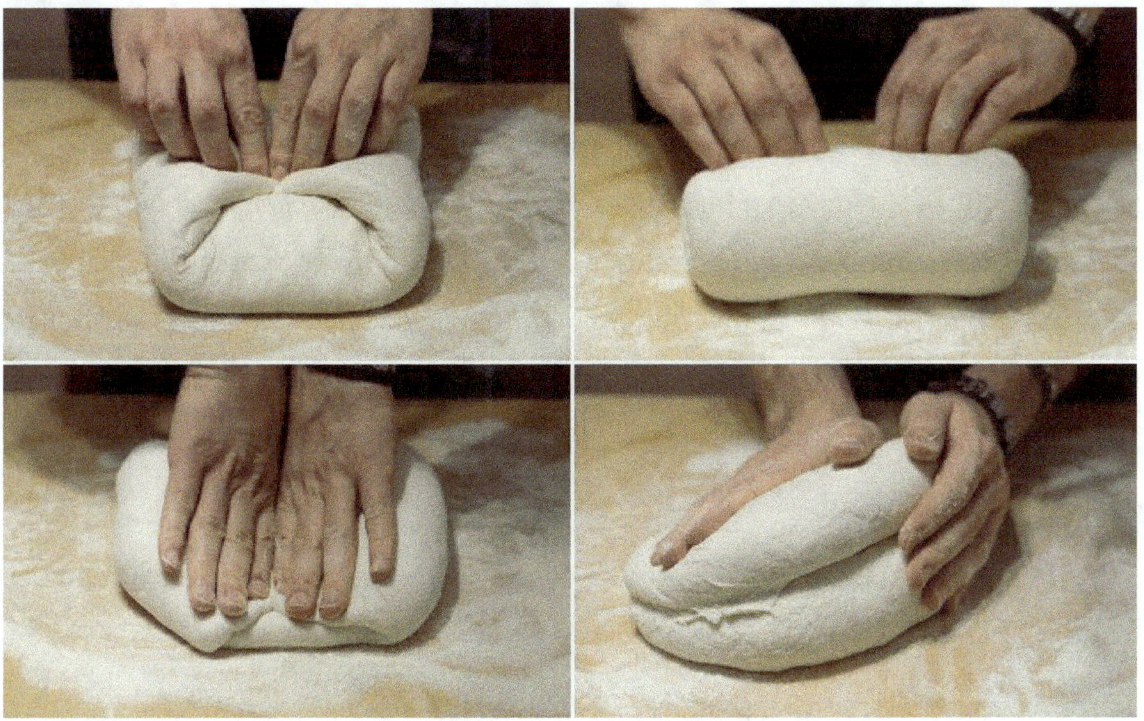

Le normali tecniche d'impasto a mano prevedono dei movimenti che portano l'impasto a essere ripiegato su sé stesso: accade continuamente sul banco di lavoro fino ad arrivare alla consistenza desiderata. Questo tipo di pieghe ha la funzione di formare maglia glutinica inglobando aria e ossigenando l'impasto stesso. Il movimento a pieghe rinforza quindi la struttura dell'impasto aiutando lo stesso nell'assorbimento dei liquidi presenti in ricetta. Una volta formato correttamente il glutine, i liquidi saranno assorbiti e integrati nell'impasto.

Questo tipo di pieghe si utilizza con un impasto già strutturato, sia nelle fasi finali dello stesso, sia dopo un possibile riposo in frigo o a temperatura ambiente. Sono pieghe di rinforzo vere e proprie che servono a rimettere in corda il glutine, rendendo liscio l'impasto, ossigenandolo ulteriormente. Nel caso di pieghe fatte dopo un riposo medio lungo, le pieghe apportano un aiuto nella ridistribuzione degli zuccheri liberi a favore del metabolismo dei lieviti presenti.

Nel caso degli impasti da pizza qualche piega di rinforzo serve sempre a *incordare* il glutine durante lo staglio e messa in forma dei panetti di impasto prima della lievitazione finale. In inglese il termine esatto per le pieghe è *folding* e si può trovare spesso nei libri e in tanti video presenti in rete; questo termine spesso è associato al verbo *slap*. *Slap & Fold* significa letteralmente *schiaffeggiare* l'impasto sul banco sbattendolo e ripiegandolo su sé stesso. Questo tipo di piega si mette in pratica quando si vuole mettere in tiro il glutine cercando di infittire l'alveolatura del prodotto finale.

AUTOLISI

Si tratta di una metodologia di lavoro che consente di sfruttare l'auto evoluzione del glutine.

Il sistema con autolisi si sviluppa in tre fasi distinte:

1. la miscelazione iniziale della farina con una parte dell'acqua;
2. il riposo dell'impasto autolitico così ottenuto;
3. l'impasto finale.

La *prima fase* della preparazione di un impasto autolitico consiste quindi nell'impastare molto delicatamente la farina e il 55% dell'acqua prevista dalla ricetta.

(Utilizzando un'impastatrice a spirale, per esempio, saranno sufficienti 5/8 minuti in 1° velocità.)

La *seconda fase*, ovvero il riposo di questo primo impasto, può durare da 20 minuti a 24 ore. La durata del riposo di un impasto autolitico si stabilisce in base alle caratteristiche della farina e alle esigenze produttive. In linea generale, quanto più la farina è forte e resistente, tanto più lungo dovrà essere il periodo di riposo. Se questo lasso di tempo è superiore alle 5/6 ore è consigliabile aggiungere alla miscela di acqua e farina anche una parte del sale e ridurre la quantità di acqua al 45/50%. In questo caso è bene che la successiva conservazione avvenga a una temperatura di 18°/20°C. Per tempi di riposo più brevi, l'impasto può invece essere lasciato a temperatura ambiente, eventualmente anche nella stessa vasca dell'impastatrice.

Trascorso il periodo di autolisi si passa alla *terza fase*, ovvero all'impasto finale.

È a questo punto che vengono aggiunti tutti gli altri ingredienti della ricetta: il lievito, l'acqua eventualmente rimasta ed il sale. Si procede quindi a impastare, per il tempo necessario. L'impasto ottenuto può essere utilizzato totalmente per l'esecuzione del prodotto (tutta la farina della ricetta viene adoperata per autolisi) o anche parzialmente; in questo caso, in fase di impasto finale, viene aggiunta dell'altra farina (la cui quantità non deve superare cinque volte quella della farina utilizzata per autolisi).

I VANTAGGI DELL'AUTOLISI

La tecnica dell'autolisi conferisce al prodotto finale un sapore caratteristico, un ottimo sviluppo e una più lunga self-life. Questo sistema ha, inoltre, il vantaggio di ridurre i tempi di lavorazione, mentre la consistenza dell'impasto diventa particolarmente liscia e malleabile, la formatura risulta più agevole e il prodotto finito presenta volume superiore, migliore alveolatura e maggiore sofficità della mollica. Tutti questi vantaggi sono il risultato di processi fisici e chimici che hanno luogo durante il riposo della pasta. In questa fase, infatti, l'impasto subisce, al suo interno, importanti modifiche. In particolare avviene l'idrolisi (dal greco hydro = acqua, e lysis = sciogliere, è l'insieme di diverse reazioni chimiche in cui una molecola viene scissa in due o più parti per inserimento di una molecola di acqua) dei suoi componenti ad opera degli enzimi (in particolare amilasi e proteasi), attivati dall'acqua dell'impasto. Sotto l'azione degli enzimi amilasi, l'amido si scinde in zuccheri, fornendo così elementi nutritivi ai lieviti contenuti nell'impasto. Di conseguenza, la fermentazione successiva dell'impasto finale sarà agevolata e anche le caratteristiche organolettiche del prodotto finale saranno migliori (il gusto e il profumo in particolare). Gli enzimi proteasi, invece, sono protagonisti della reazione di proteolisi. Si tratta di un processo che avviene normalmente in tutti gli impasti, ma che si sviluppa soprattutto durante il periodo di riposo e consiste nella "frantumazione" della maglia glutinica dell'impasto in pezzi più piccoli. In questo modo le catene proteiche si allungano e la pasta acquista maggiore estensibilità, diventando più malleabile.

La proteolisi può essere più o meno attiva in relazione a diversi fattori: la struttura delle proteine (in particolare le proprietà del glutine), l'attività enzimatica della farina, la presenza nell'impasto di determinate sostanze, la temperatura dell'impasto etc.

Se la proteolisi è la reazione base che avviene nell'impasto autolitico, non è l'unica che trasforma le proprietà del glutine della pasta. Nell'impasto avviene, infatti, anche una reazione opposta, ovvero il rafforzamento della maglia glutinica dovuto all'azione dell'ossigeno dell'aria, inglobato dalla pasta durante la lavorazione (reazione di ossidazione). Sotto l'azione dell'ossigeno, i gruppi tiolici della maglia glutinica (SH-) si trasformano in ponti disolfurici (-S=S-).

Come conseguenza, il glutine si rinforza, diventa più elastico e sarà in grado di assorbire quantità superiori d'acqua. Tale reazione avviene soprattutto nella prima e nell'ultima fase (quella dell'impasto finale). In misura minore, si sviluppa anche durante il riposo della pasta. Proteolisi e ossidazione, agiscono quindi contemporaneamente sulla maglia glutinica. Di conseguenza, le catene proteiche si allungano, si gonfiano, assorbendo aria e acqua, e completano la loro idratazione; così l'impasto durante la lavorazione finale raggiunge la migliore consistenza in periodo più breve e con quantità d'acqua maggiori.

In altri termini, l'autolisi è una tecnica, che dona all'impasto una particolare estensibilità, ma nello stesso tempo migliora l'elasticità e il grado d'assorbimento dell'acqua. I tempi d'impasto si riducono e l'impasto risulta particolarmente liscio.

Questa tecnica è particolarmente utile per la panificazione con il lievito naturale (date le caratteristiche dell'impasto, che risulta sempre un po' più "nervoso", meno liscio rispetto a quello a base di lievito compresso, a causa dell'acidità contenuta; caratteristica questa, ancora più marcata se il lievito naturale è più forte o più acido del dovuto), oppure quando si utilizzano farine molto resistenti. Per gli impasti dei dolci da ricorrenza a base di lievito naturale, che contengono un'alta percentuale di materia grassa e hanno naturalmente una buona estensibilità, questa tecnica non offre vantaggi particolarmente evidenti, mentre per gli impasti con lievito naturale non contenenti i condimenti risulta quasi indispensabile.

Le pizze prodotte con questo sistema presenteranno un gusto più marcato, un'alveolatura più accentuata, un volume maggiore con la presenza di una mollica più soffice.

Dall'inizio del secolo scorso, i prodotti da forno venivano preparati esclusivamente con lievito naturale nel quale non si trovano solo cellule di Saccaromiceti ma anche altri microrganismi.

Il lievito naturale è un pezzo di pasta inacidita, preparato con farina e acqua, lasciato a maturare in ambiente per un tempo più o meno lungo durante il quale i microrganismi presenti nella farina, nell'acqua e nell'aria si riproducono e fermentano in questi numerosi microrganismi che vivono nel lievito naturale. I principali sono i lieviti e i batteri lattici.

Nel lievito naturale avvengono due tipi di fermentazione: la fermentazione lattica e la fermentazione alcolica.

PREPARAZIONE

Il metodo classico per preparare il lievito naturale consiste nella miscelazione di farina e acqua lasciate a maturare. Questo tipo di maturazione può essere abbreviato con l'aggiunta di yogurt, frutta matura frullata etc. (prodotti che attivano più velocemente il processo di fermentazione).

PROCEDIMENTO:

g. 100 frutta matura frullata

g. 200 farina (Manitoba w 400/450)

g. 100 acqua

è consigliabile utilizzare acqua minerale gasata perché contiene anidride carbonica che facilita l'attivazione dell'acidità.

Impastare in modo omogeneo e porre l'impasto in un recipiente contenente acqua (con temperatura di circa 20°C) quattro volte superiore al peso della pasta e comunque deve permettere alla stessa di essere totalmente coperta e poter così andare a fondo.

Porre a lievitare a una temperatura di 26/28° C per circa 48 ore coperto.

Per effetto dell'anidride carbonica, l'impasto viene in superficie entro le 48 ore, se in queste ore non dovesse venire a galla sarebbe bene ripetere l'operazione perché significa che la carica batterica non si è sviluppata in modo ottimale.

L'impasto venuto in superficie dovrà essere impastato con pari peso di lievito e farina e con il 45/48% di acqua. Continuare questi rinfreschi fino a quando il lievito non sarà giunto a giusta maturazione (questa operazione richiede 20/25 giorni).

A questo punto si potrà procedere ai rinfreschi di preparazione per l'impasto.

CONSERVAZIONE DEL LIEVITO MADRE

Terminata la preparazione del lievito madre, oltre ad essere utilizzato per gli impasti di pane e paste dolci lievitate, può essere conservato per successive lavorazioni conservandone una parte per le lavorazioni successive sempre mantenendolo a bagno in acqua.

Il procedimento per la sua conservazione è il seguente:

1. come già indicato, rinfrescare il lievito madre con farina e acqua (con il sistema a bagno in acqua la percentuale di quest'ultima dovrà essere di circa il 38/40%)

2. il lievito madre deve essere lavorato in condizioni di massima igiene; l'impasto dovrà essere asciutto e omogeneo e messo a bagno in acqua con una temperatura di 20° C circa e tre volte superiore al volume del lievito stesso e messo quindi a riposare in un ambiente con temperatura di 18° C per 12 - 24 ore

3. per un periodo più lungo di conservazione del lievito madre (5 - 6 giorni) le dosi di farina e acqua andranno aumentate di tre o quattro volte rispetto alla dose utilizzata normalmente per un normale rinfresco. Dopo l'impasto porre in acqua (20° C circa) e quando sarà risalito in superficie porre il lievito madre in frigorifero a 5- 7°C per poter così rallentare l'attività fermentativa.

UTILIZZO CORRETTO DEL LIEVITO MADRE

Per il rinnovo del lievito madre conservato per più giorni, utilizzare solo la parte pulita da croste e impurità, rinfrescare la madre per tre volte per farle acquistare la forza necessaria.

Si utilizza il lievito madre prelevato dall'acqua e si impasta con una quantità di farina pari al suo peso e il 45/50% di acqua (la temperatura dell'acqua dovrà essere di 22/24° C). Lo si pone a lievitare in un panno di cotone pulito all'interno di un recipiente con la parte superiore scoperta sulla quale verrà praticata la classica incisione a croce per verificare il corretto sviluppo.

CONSERVAZIONE DEL LIEVITO MADRE (PER LUNGHI PERIODI)

La conservazione del lievito madre a bagno in acqua può avvenire anche per surgelamento.

Prendere una parte dell'ultimo rinfresco e porlo in acqua e lasciarlo venire in superficie; attendere per circa un'ora, passarlo successivamente in frigorifero (4 - 5°C) per qualche ora poi trasferirlo, sempre a bagno in acqua nel congelatore.

Il lievito madre in queste condizioni può rimanere anche per lunghissimi periodi.

Lo scongelamento dovrà poi avvenire a temperatura ambiente (20/22°C) nello stesso recipiente per circa 2 giorni e lasciato poi lievitare per altre 24 ore per terminare la sua ripresa. A questo punto si potrà procedere alle normali operazioni di rinfresco.

Per la conservazione senza il sistema del surgelamento effettuare le seguenti operazioni:

1. porre in planetaria farina e lievito madre in pari quantità e mescolare a bassa velocità sino ad ottenere una polvere poi stenderla su un piano pulito e farla asciugare completamente. Quando sarà ben asciutta porla in sacchetti di plastica e passarla in frigorifero (5 - 6°C) per la conservazione che può durare lunghi periodi.
2. per ritornare al suo utilizzo aggiungere l'acqua e procedere alle normali operazioni di rinfresco fino ad ottenere un lievito madre a giusta maturazione.

VERIFICA DELLE CARATTERISTICHE DEL LIEVITO MADRE

È importante verificare sempre la qualità del lievito madre controllando il livello di acidità con il piaccametro, e lo stato di maturazione. Non ultima la temperatura che può oscillare dai 25 ai 30° C, è altresì importante mantenerla a questi livelli non soltanto per avere un giusto grado di acidità nel prodotto finito, ma anche per conservare l'esatto equilibrio tra le due acidità prodotte nel lievito naturale (acetico - lattico).

LIEVITO MADRE MATURO:

sapore dolce acido senza retrogusti, pasta di colore bianco - avorio, soffice, con alveoli prolungati con PH ottimale 4,5 ma che può oscillare fra 4,3 e 4,8.

LIEVITO MADRE TROPPO DEBOLE:

sapore poco acido quasi insipido, colore eccessivamente chiaro quasi bianco, pasta compatta scarsamente alveolata con PH superiore a 5.

LIEVITO MADRE TROPPO FORTE:

sapore acido amaro, colore grigiastro, alveoli irregolari di forma rotonda, consistenza appiccicosa con PH inferiore a 4.

LIEVITO MADRE ECCESSIVAMENTE ACIDO:

sapore di acido acetico, odore di formaggio (acido butirrico), colore grigio, pasta appiccicosa con PH molto basso.

ACCORGIMENTI CORRETTIVI PER MIGLIORARE IL LIEVITO MADRE

LIEVITO TROPPO FORTE:

affettare il lievito madre e porlo a bagno in acqua (20/22°C) aggiungendo g. 2 circa per ogni litro di acqua e lasciare a bagno per 15/20 minuti. Strizzare il lievito madre e passare all'operazione di rinfresco con le seguenti dosi:

g. 200 lievito madre

g. 400 farina W 350 P/L 0,55

g. 200 acqua

procedere ai rinfreschi successivi fino a che il lievito non verrà in superficie in 3 ore circa a una temperatura di 18/20° C.

LIEVITO TROPPO DEBOLE:

rinfrescare il lievito madre con le seguenti dosi:

g. 250 lievito madre

g. 200 farina W 350 P/L 0,55

g. 100 acqua

g. 2 zucchero

procedere ai normali rinfreschi successivi fino a che il lievito non verrà in superficie in 3 ore circa a una temperatura di 18/20° C procedere al lavaggio come per il lievito madre troppo forte e proseguire poi con le seguenti dosi di rinfresco:

g. 250 lievito madre

g. 500 farina W 350 P/L 0,55

g. 250 acqua

g. 20 tuorlo d'uovo

g. 3 zucchero

impastare fino ad ottenere una pasta asciutta ed omogenea e porla in acqua.

Procedere quindi ai successivi normali rinfreschi (dove non si dovranno utilizzare tuorlo d'uovo e zucchero) finché il lievito madre non verrà in superficie in 3 ore a 18/20° C.

ECCO LA PROCEDURA PER LA PRODUZIONE CASALINGA DEL LIEVITO MADRE:

Ricetta delle Sorelle Simili:

- 200 gr di farina
- 90 gr di acqua
- 1 cucchiaio di olio
- 1 cucchiaio di miele

Perché il **miele**?

Perché i microrganismi che si formano nel lievito si cibano, per riprodursi, proprio degli zuccheri contenuti nell'impasto.

Impastare tutti gli ingredienti a mano o nella macchina del pane.

Mettere poi questo panetto in un contenitore con coperchio e lasciare riposare l'impasto ad una temperatura di circa 22-25° per due giorni.

L'inverno, con i riscaldamenti accesi nelle nostre case, è il periodo ideale per questo lavoro in quanto in casa c'è di solito questo *range* di temperatura.

Una volta trascorsi i due giorni osservate l'impasto: dovrebbe essere raddoppiato di volume ed avere un profumo acido di lievito (acido MA non sgradevole).

Quindi, rinfrescare l'impasto: prendere 100 gr dell'impasto ed aggiungervi 100 gr di farina e 45 gr di acqua a temperatura ambiente.

Mescolare bene e richiudere il contenitore. Lasciare riposare altri due giorni.

Trascorsi questi due giorni rinfrescare nuovamente il lievito nello stesso modo: 100 gr di farina e 45 gr di acqua. Questa volta però, porre in frigo l'impasto e riprenderlo dopo 5 giorni.

Trascorsi 5 giorni rinfrescare ancora allo stesso modo. Una volta fatta questa operazione altre due volte (per un minino, dunque, di 15 giorni) si potrà utilizzare il lievito per fare pane, brioches, panettoni, etc.

Se ne prende una parte e con l'altra si procede ai rinfreschi fino a quando volete!

Perché il lievito madre è per sempre!

Quando utilizzate il lievito madre per panificare ne dovrete inserire circa un terzo rispetto alla farina, quantità che aumenta lievemente se utilizzate farine integrali che lievitano meno facilmente (oppure optare per tempi di lievitazione più lunghi).

1) Pizza

La pizza è un prodotto artigianale quindi potrebbe presentare delle piccole differenze da pizzeria a pizzeria.

2) Impasto

L'impasto della pizza è realizzato solo con acqua, sale, lievito, e farina ed è fatto lievitare per un minimo di 8 ore.

3) Manipolazione

Il disco di pasta viene steso esclusivamente con le mani. Tale manipolazione determina lo spostamento dell'aria dal centro verso l'esterno del panetto che resta più gonfio ed in cottura forma il cornicione.

4) Prodotti

I prodotti utilizzati devono essere preferibilmente di origine campana.

- Il pomodoro pelato deve essere frantumato a mano, deve risultare non denso e con alcuni pezzi di pelato ancora presenti.

- Il pomodoro fresco deve essere tagliato a spicchi

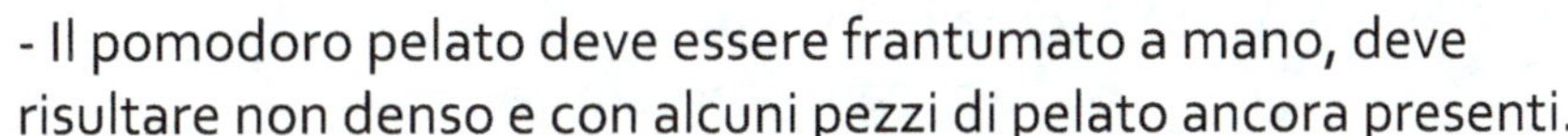

- La mozzarella di bufala (tagliata a fettine) o il fior di latte (tagliato a listelli) vanno distribuiti uniformemente

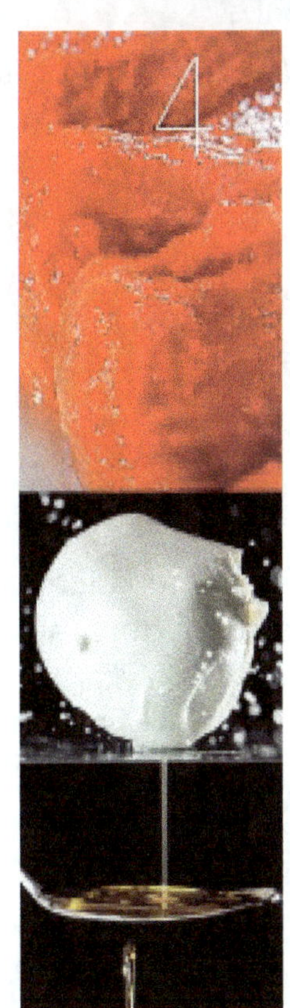

- Il formaggio grattugiato (se usato) verrà sparso sulla pizza con movimento rotatorio e uniforme.

- Le foglie di basilico fresco sono poste sui condimenti.

- L'olio extra vergine di oliva viene aggiunto con movimento a spirale.

Oltre a margherita e marinara, la Vera Pizza Napoletana prevede altre tipologie di pizze realizzate con ingredienti della tradizione gastronomica italiana.

5) Cottura

La cottura dovrà avvenire direttamente sul piano del forno a legna, non in teglia, per 60-90 secondi.

6) Qualità di cottura

La pizza deve essere facilmente ripiegabile su se stessa (a libretto) con il cornicione di 1-2 cm, gonfio, di colore dorato e privo o con pochissime bolle e bruciature. Sollevando da un lato la pizza, la parte inferiore dovrà essere anch'essa dorata e priva di bruciature evidenti.

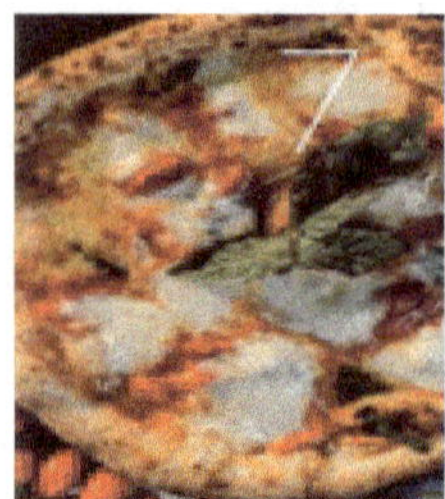

7) Aspetto

La pizza deve essere tonda, di diametro non superiore ai 35cm, con il bordo rialzato (cornicione) e la parte centrale spessa max 4mm. Nel centro spicca il rosso del pomodoro, cui si è amalgamato l'olio e, nella marinara, il verde dell'origano e il bianco dell'aglio, nella margherita, il bianco della mozzarella e il verde delle foglie di basilico.

8) Aroma olfattivo

La pizza appena sfornata ha:
- il profumo del pane fresco,
- i sentori aciduli del pomodoro, e della mozzarella,
- il flavour fruttato e piccante dell'olio e dell'aglio,
-l'erbaceo del basilico fresco e dell'origano.

9) Gusto e Armonia

La pizza, dal gusto intenso e armonico, ha il sapore caratteristico del pane ben cotto, mescolato al sapore acidulo del pomodoro, al sapido della mozzarella, al fresco del basilico, all'amaro e piccante dell'olio extra vergine e dell'aglio.

10) Valore nutrizionale

La pizza è il piatto simbolo della **dieta mediterranea.**
Margherita: Valore energetico con un panetto da 250gr. circa 800 Kcal
Marinara: Valore energetico con un panetto da 250gr. circa 550 Kcal.

COSA ABBINARE AD UNA BUONA PIZZA?

Vi è mai venuto in mente, entrando in una pizzeria di ordinare una capricciosa, una diavola od una quattro formaggi accompagnata al vino piuttosto che alla classicissima birra?

Molto probabilmente no perchè da che mondo e mondo la pizza DEVE essere accompagnata dalla birra!!!

Perchè così vuole la consuetudine e la tradizione ma a pensarci bene l'abbinamento della pizza con un buon bicchiere di vino non sarebbe altro che una cosa logica e naturale.

Certo, ad ogni pizza può e deve corrispondere una tipologia di vino diversa, anche se possiamo dire che in linea generale le pizze con il pomodoro richiedono comunque un accostamento con i vini bianchi più o meno strutturati a causa della presenza nella maggior parte di esse, del pomodoro la cui acidità si sposa male con i vini rossi ricchi di tannino dal retrogusto "ferroso".

Facciamo alcuni esempi, prendiamo il caso di una pizza magari molto ricca di grassi come i quattro formaggi o la margherita con bufala potremmo in quella circostanza chiedere un vino bianco di media struttura e sapidità ma non troppo alcolico come il verdicchio di Jesi od il vermentino di Gallura.

Nel caso in cui invece la nostra scelta dovesse cadere su una pizza dal sapore deciso con condimenti saporiti come il salame piccante, i capperi o le alici orienteremo la nostra scelta su vini più corposi e strutturati come il tocai friulano od il greco di Tufo, ed ancora, nel caso invece le nostre preferenze dovessero andare verso pizze guarnite con verdure potremmo scegliere vini molto giovani e freschi come il Prosecco di Conegliano.

E il vino rosso?

Non lo possiamo bere insieme alla pizza? La risposta è sì e lo faremo in presenza di pizze senza o con poco pomodoro con condimenti di prosciutto e speck, allora in quel caso potremo ordinare vini rosati o rossi molto giovani e morbidi come un marzemino, una freisa od un vino novello.

Potreste rimanere sorpresi da questo felice connubio.

La pizza è uno dei made in Italy che hanno maggior riscontro all'estero.

Quel disco di pasta bellissimo a vedersi sa mettere tutti d'accordo e andare incontro anche ai gusti più difficili.

La pizza prende forma circa trecento anni fa nei vicoli di Napoli per risolvere la fame di una città molto popolata, una delle capitali d'Europa più importanti a quei tempi. Infatti la pizza nasce povera: poca acqua e farina per la pasta poi condita con sugna e pepe in quanto a quei tempi non era ancora arrivato il pomodoro dall'America e non si conosceva la mozzarella.

Non c'è persona che non mangi la pizza almeno una volta alla settimana perché è buonissima, rappresenta da sola un pasto completo ed a buon prezzo e poi perché sembra che andare in pizzeria metta di buon umore.

Ci si interroga sempre più su quale vino abbinare alle sue numerose varianti, per non perdere mai l'occasione di poter accompagnare i momenti conviviali, o comunque legati al cibo, con un buon bicchiere.

Volendo seguire la via della tradizione e dell'identità territoriale, a Napoli nelle pizzerie si è sempre bevuto il **Gragnano** (o il suo cugino vicino **Lettere**), vino pensato e fatto per il popolo, proprio come la pizza. Arrivava in città dalle colline della bellissima penisola sorrentina, in piccole botti e grandi quantità poco dopo la vendemmia, quindi era ancora in fermentazione e manteneva il suo profumo giovane, vinoso e una leggera effervescenza che lo rende particolarmente piacevole.

Il **Gragnano Ottouve di Grotta del Sole** è l'etichetta giusta per la classica **pizza Margherita**, con pomodoro San Marzano e fior di latte d'Agerola, che ripropone i vitigni tipici della costa sorrentina in questo rosso vivace, sottile e profumato. Tra le uve prevalgono piedirosso e aglianico, ma troviamo anche sciascinoso, suppezza, suppegna, castagnara, sauca e san vincenzo.

Fiutato il grande business della pizza, molte aziende di spumanti, sia prodotti con Metodo Classico che Martinotti, hanno cavalcato quest'onda fortunata.

Ben vengano le novità e in questo caso le bollicine italiane più conosciute al mondo – il Prosecco – possono accompagnare un cult della cucina italiana.

BiancaVigna è una delle aziende specializzate nella produzione di **Conegliano Valdobbiadene Docg Extra Dry** si fa certamente notare per la qualità e la piacevolezza del sorso. Sulla margherita può rendere speciale la serata in pizzeria e, riducendo l'assaggio, le due cose insieme possono condurre un aperitivo insolito e di grande effetto.

La **pizza marinara** nasce vegana in tempi non sospetti e senza volerlo. Rappresenta la prova del nove per un pizzaiolo in quanto gli elementi che la compongono sono pochissimi e molto semplici, quindi la riuscita punta molto sull'abilità e l'esperienza. Solo pomodoro, aglio e un po' di origano, è quindi anche molto leggera. Ritorniamo in Campania con questo classico intramontabile: **Lacryma Christi del Vesuvio – Villa Dora,** dove è il piedirosso a dire la sua, finalmente valorizzato da chi sa fare il vino con competenza ed ha quindi contribuito ad affermarne il valore nel bicchiere.

Un'altra pizza classica – anche se più recente, e richiestissima – è quella con **salsicce e friarielli,** i broccoli napoletani dal gusto impareggiabile. È più invernale nel gusto e negli ingredienti, ma talmente ricercata che si cerca di proporla tutto l'anno. In questo caso ci vuole proprio un vino rosso ed il **Chianti Classico di Badia a Coltibuono** sposta l'asse su un altro grande territorio del vino italiano. È sottile nel corpo, indimenticabile in ogni sua espressione, ha il peso della storia che la leggerezza e la vivacità della pizza napoletana sapranno sostenere e valorizzare.

Pizza fritta ripiena di ricotta e cicoli, l'espressione più golosa. Celebrata e fissata nella memoria del grande pubblico dalla scena del film L'Oro di Napoli dove la bellissima Sofia Loren mostra come le donne friggevano e vendevano questa pizza sotto i portoni dei palazzi ai passanti.

Uno *street food* antico e tutt'oggi di grande successo: mangi oggi e paghi tra otto giorni – era questo lo slogan che qualcuno ancora utilizza. E con questa torniamo alle bollicine – ideali con la frittura, magari in versione Rosé – con il **Bardolino Chiaretto Spumante di Villabella,** che viene dal lago di Garda, territorio storicamente dedicato alla produzione dei rosati in continua crescita ed evoluzione.

Chiudiamo con la pizza vegetariana, anche questa nata non con questo intento ma per esaltare una verdura napoletana molto amata sul territorio: la scarola riccia.

Pizza con scarola, olive nere, capperi e fior di latte: una goduria. Questa leccornia vuole il vino bianco e in questo caso è facile pescare in uno dei territori italiani più vocati per questa categoria: **Verdicchio di Matelica di Collestefano.** Sicuramente una delle migliori espressioni di verdicchio, dove la grande piacevolezza del vino vive in piena armonia con l'attenzione maniacale nell'impiego di una agricoltura rispettosa dell'ambiente.

Si fa presto a dire pizza e birra!

Da oggi l'abbinamento più facile e classico non è più così scontato. A stili diversi di birra possono e devono corrispondere diversi di stili di pizza.

E allora come individuare gli accostamenti giusti per esaltare il gusto di entrambi i prodotti?

"Non c'è niente di più errato che ordinare la birra media chiara industriale"

Di solito la birra chiara nelle pizzerie è molto amara, ghiacciata e estremamente gassata, tutte caratteristiche che fanno letteralmente a pugni con l'acidità del pomodoro.

Regola numero uno, quindi, una **buona gradazione alcolica:** 6 – 7 gradi almeno.

Per reggere i sapori forti dati dagli ingredienti della pizza, intendiamoci.

Amanti della birra leggera, scansatevi, prego.

Altra regola generale: va bene la moda delle APA (**American Pale Ale**) che ha letteralmente conquistato i *beer lovers* qua in Italia.

Ma quando si mangia la pizza la luppolatura, che dà il caratteristico sapore amaro e erbaceo alla birra, non deve essere troppo evidente e troppo marcata, altrimenti va a coprire i gusti.

Va bene forse quando ordinate una pizza al ristorante cinese sotto casa, ma provate a immaginare spendere 15 euro di pizza e poi non sentire neanche il sapore.

Meglio procedere con ordine, guardando alla pizza che avete scelto.

"Con la regina della pizza andiamo sul sicuro con le **bock**, birre a bassa fermentazione dove la morbidezza data dall'alcol va a sposarsi con l'acidità del pomodoro, senza però contrastarla. Questa birra in particolare, è perfetta per ripulire la bocca dalla grassezza della versione con pomodoro e mozzarella". Fugge la solitudine, ama la compagnia, perfetta quindi per una delle occasioni più conviviali che ci vengono in mente. La *pizzata* con gli amici, appunto.

Per una pizza più impegnativa abbiamo bisogno di una **tripel** di ispirazione belga. Un tipo di birra a alta fermentazione rifermentata in bottiglia dove l'alcol sale (8,0 %) per rispondere alla sapidità di ingredienti come il prosciutto o i formaggi più importanti, come quelli erborinati". Si sa, è l'inverno la stagione in cui si tende a "caricare" la pizza di ogni ingrediente che ci viene in mente: più ricca è, meglio ci sentiremo.

Serve una birra coraggiosa – e in effetti bisogna essere sprezzanti del pericolo per scegliere di mangiare le acciughe e rischiare di incorrere in diverse ore in cui non richiederemo che acqua frizzante – Una scura non tostata, che rimanga dolce, è perfetta.

Una birra meno alcolica (6,0%) una Pacific India Pale Ale. In questo caso facciamo un'eccezione con i luppoli e sposiamo la moda di chi li vuole riconoscibili, sebbene qua restino morbidi: "Per questa pizza, che sembra inoffensiva ma è tutt'altro – provate a chiedere a chi, volendo stare leggero, l'ha ordinata al primo appuntamento – serve una birra non troppo strutturata ma d'impatto. Una birra dal corpo dolce e molto profumata, per una pizza che lo è altrettanto, con i sentori

tropicali e agrumati che si vanno a incrociare con quelli dell'aglio e dell'origano.

L'abbinamento aromatico che ne deriva è perfetto"

Non ci resta che provare.

La cosa bella è che non sono birre introvabili.

La birra perfetta per un piatto si può abbinare sempre.

Ma a volte sono bottiglie che neanche i birrai hanno.

NON ESISTE LA BIRRA PERFETTA MA IL MOMENTO PERFETTO PER BERLA

<< De Gustibus non Disputandum Est >>

Scegliere il vino o la birra rimane comunque e sempre una questione di gusto personale.

FASI DELL'IMPASTO:

1) impasto (vedremo oltre i diversi tipi di impasto);

2) puntata (1° lievitazione - In questa fase lievita l'intera massa);

3) staglio (divisione della massa in blocchi più piccoli, panelli);

4) formatura (manipolazione dei blocchi di pasta risultanti dallo staglio e formazione dei panielli - serve a rafforzare il glutine);

5) apretto (o "appretto") - forse è più corretto "apretto" (2° lievitazione - In questa fase lievitano i singoli panielli);

6) rigenero (fase "opzionale" - nuova manipolazione dei panielli, sostanzialmente identica alla formatura - vedi 4 - si usa quando l'apretto è molto lungo e il paniello si rilassa troppo - rigenera la maglia glutinica rilassata);

7) stesura (allargamento del paniello a dargli forma di disco);

8) infornata;

9) Punto-Pasta (stato dell'impasto che determina la fine dell'azione di impastamento, con riferimento al grado di formazione della maglia glutinica) - abbreviazione "PP"

TIPI DI IMPASTO.

Diretto (tutti gli ingredienti vengono immessi nell'impasto durante un'unica fase)

Indiretto (l'impasto si forma in due diverse fasi: pre-impasto e impasto)

I pre-impasti sono sostanzialmente due:

Biga e Polish (o "poolish") che si differenziano soprattutto per un diverso grado di idratazione (il polish è molto più idratato) e che conferiscono alveolatura e sapori più caratteristici;

Semi-Diretto (L'impasto è preceduto dalla preparazione del lievito naturale, che a sua volta è una sorta di mini-impasto)

Tradizionalmente l'impasto della pizza napoletana è un diretto, ma non ci sono motivi "religiosi" che ne impongano l'uso.

Altri termini utilizzati.

Idratazione: E' la percentuale di acqua immessa nell'impasto, calcolata rispetto al totale della farina (NB: non viene calcolata sul totale dell'impasto, ma della sola farina!).

Esempio:

gr 1000 farina

gr 700 acqua

Idratazione al 70%.

Alveolatura: è il modo in cui gli alveoli (i buchi dell'impasto, formati dai gas della lievitazione) si distribuiscono all'interno dell'impasto stesso e si caratterizza per dimensioni e distribuzione più o meno omogenea.

Autolisi (pagina 52): È una fase facoltativa del processo di impasto. Consiste in una pausa più o meno lunga durante l'impastamento, nel corso della quale si forma spontaneamente la maglia glutinica, anche in assenza di azione di impastamento.

Amilolisi: Azione di degradazione dell'amido in zuccheri semplici. Enzima responsabile: Amilasi (Alfa-Amilasi e Beta-Amilasi)

Proteolisi: Azione di degradazione delle proteine (per lo più il glutine) in aminoacidi. Enzima responsabile: Proteasi

Lipolisi: Azione di degradazione dei grassi in glicerolo e acidi grassi. Enzima responsabile: Lipasi.

Fare le pieghe: Azione di piegatura dell'impasto, fatta allo scopo di formare la maglia glutinica.

AI: Alta Idratazione; si intendono impasti con idratazioni notevoli, ad esempio intorno all'80% o anche di più, utilizzati per le pizze in teglia

EVO: olio Extra Vergine di Oliva

FAL: Forno A Legna

LDB: Lievito Di Birra (ci si riferisce quasi sempre a quello fresco, in cubetti per intenderci)

LNL: Lievito Naturale Liquido

LNS: Lievito Naturale Solido

PDR: Pasta Di Riporto

TA: Temperatura Ambiente

incordatura: è quella fase che, durante la miscelazione dei vari ingredienti, consente il rafforzamento della una maglia glutinica nell'impasto e che conferisce struttura allo stesso. Di solito l'operazione di incordatura viene fatta nelle fasi terminali della preparazione dell'impasto ed ha un ruolo importante soprattutto per gli impasti ad alta idratazione.

lievito madre o Lievito Naturale, ossia una coltura di agenti lievitanti (batteri e funghi) in forma di miscela di acqua e farina.

makò (o anche "maculatura" o "leopardatura"): è il termine che si usa per indicare le macchioline nere sul cornicione della pizza, sintomo di corretta maturazione (forse) e cottura (sicuramente).

"Non hai davvero compreso qualcosa,

fino a quando non sei in grado di spiegarla a tua nonna"

Se c'è un piatto universale, quello non è l'hamburger bensì la pizza, perché si limita a una base comune – l'impasto – sul quale ciascuno può disporre, organizzare ed esprimere la sua differenza, ebbene sì la ***Pizza*** ".

La vera pizza è alimento, simbolo e rito. Alimento povero e nobile. Disco festoso di pasta, colorato di rosso. Ma è anche qualcosa di più di un impasto di acqua e farina, condito con olio e pomodoro.

A Napoli sappiamo che una buona pizza richiede una grande esperienza e un grande lavoro anche a "monte" iniziando dall'impasto che dev'essere preparato e lavorato con cura. Una vera arte, "o mestiere", che si tramanda di generazione in generazione nelle pizzerie e nei forni napoletani. E poi naturalmente servono ottimi ingredienti, come una buona farina e una buona acqua, latticini freschi, pomodori saporiti e un olio gustoso. Tutti buoni prodotti originali della nostra terra, prodotti italiani e non di scarsa qualità o addirittura contraffatti. Nel mondo sembra che ogni giorno si fanno 8 milioni di pizze al giorno e cioè oltre 2 miliardi di pizze all'anno con un grosso giro d'affari. Ma solo a Napoli troviamo una vera e buona pizza napoletana.

La pizza si fa non si cucina.

Per concludere, ritengo questo libro veramente interessante da leggere soprattutto per i consumatori di pizza che dopo la lettura diverranno più consapevoli e attenti a quanto gli verrà proposto.

Consiglierei comunque la lettura anche agli amatori ed ai professionisti perché la semplicità del linguaggio utilizzata ed i molti argomenti toccati consentiranno di aumentare il bagaglio culturale soprattutto di chi non ha mai speso le proprie ore studiando i testi di panificazione più scientifici.

SEGRETISSIMO

PER AVERE UNA PIZZA VERACE NAPOLETANA BISOGNA RISPETTARE L'IDRATAZIONE, PIÙ IDRATATO È L'IMPASTO PIÙ ALVEOLI SVILUPPERÀ.